改訂版の発行に際して

　本書（改訂版）の前身である「独習　入門カウンセリング・ワークブック」（以後、前書と略）は1986年に初版を発行しました。この種のカウンセリング教材が、書籍という媒体で発行されていない時代であったこともあり、発行当初から大変好評で20年に渡り重版を重ねてまいりました。そして、発行部数は今日でも落ちることなく続いております。このことは、発行から20年を経た今日でもカウンセリング教材としての充実した内容が評価されていることの証左といえるでしょう。

　さて、そうした中で、内容を更に充実させ、教材として今日に見合ったものに改訂したのが本書（改訂版）です。改訂の内容はおおまかに次の3点になります。

(1) さらに使いやすさを考慮した教材へ

　前書は、独習形式での利用はもとより、多数の受講生を相手にした教科書的な活用が多くされていました。しかし、設問に対する「解答」が直ぐ次のページにあることで、受講生はどうしても「解答」に影響を受けてしまうようです。本書は、解答欄を別冊にし、必要ならば取り外せるようにしました。これで、「解答」に縛られることなく自分自身の考え方や感性に気づくことが促進されるでしょう。

(2) 時代に合った内容に変更

　本書に掲載の「事例」のいくつかは今日的な内容のものに入れ替える一方、一部の内容も修正しました。20年という歳月を考えると、時代の変化を取り入れるのはむしろ当たり前のことだと思います。

(3) 教材としての内容の充実

　本書では新たなテーマが追加されています。「カウンセラーの質問」、「対話と沈黙」、「対話のプロセスレッスン」の3つです。どのテーマも前書にないものですが、カウンセリング学習には欠かせない大事な考え方です。

　以上のような改訂を加えたことでページ数も前書に比べ20数ページ増えました。前書以上に充実した教材としてご利用いただけるものと自負しております。みなさまの一層のご愛顧を節にお願い申し上げます。

2006年4月
日本・精神技術研究所

改訂版について

　これまで、長い間たくさんの方々に「独習　入門カウンセリングワークブック」を活用していただきました。そして、時代がたって概念が変更されたり、言葉に不都合が生じてきたのと、新たにワークブックに入れたほうがよいコンセプトや新しいエクササイズの必要性を満たすために、このたび改訂版として出版することとなりました。また、今回の改訂にあわせて「解答」については別冊にすることにいたしました。

　これまでは一人でどんどん読み進めていくことに重点をかけていましたが、今回はどちらかというと共同作業として活用していただくことに重点をかけることといたしました。それは当初このワークブックは「独習」で学べるように想定したのですが、実際には教室で使われたり、仲間たちと一緒に学んだりというスタイルで活用している方が多いということに着目して、他の人々と話し合いながら進めていく方法を重視しました。

　カウンセリングをグループで一緒に学ぶということはカウンセリングの学習にとって大切なことでもあります。

　カウンセリング自体が対話であり、一人だけの感性や一人だけの理解で成り立つものではないということからも人の感性の大切さを指摘できます。

　このワークブックを上手に活用して、カウンセリングの対話についてそのコンセプトを理解しつつ、日頃の対話にもおおいに生かしていただけますようお願いいたします。

著　者

目次

はじめに	ワークブックのねらい	5
	ワークを進める上での留意点	6

ワーク 1　クライエントの問題と問題へのアプローチ　　8

1 障害除去のアプローチ　　9
　　エクササイズ●1-1　　9
2 内面へのアプローチ　　13
　　エクササイズ●1-2　　13
　　エクササイズ●1-3　　16

ワーク 2　クライエントの語り　　20

1 話の中の3つの要素　　20
　　エクササイズ●2-1　　21
　　エクササイズ●2-2　　23
2 クライエントの訴え　　25
3 フィードバック　　27
　　エクササイズ●2-3　　29
4 感情の反射　　32
　　エクササイズ●2-4　　33

ワーク 3　クライエントの話の背景　　36

1 話すことの意味　　37
2 夢、願い、期待　　37
　　エクササイズ●3-1　　40
3 危機と悩み　　42
　　エクササイズ●3-2　　43

ワーク 4　クライエントの心理　　48

1 クライエントの気持　　48
　　エクササイズ●4-1　　49
2 クライエントの準拠枠　　53
　　(1) 初めはこちらの準拠枠で、先へ行くほど相手の準拠枠で　　53
　　(2) 同化と調節　　55
　　エクササイズ●4-2　　56

	(3) 人が見、行動する世界	62
	エクササイズ●4－3	63
	エクササイズ●4－4	67
	3 クライエントの質問	69
	エクササイズ●4－5	70
	4 カウンセラーの質問	72
	エクササイズ●4－6	73

ワーク5　クライエントの理解　76

1 外側からの理解と内側からの理解　77
　エクササイズ●5－1　78
　(1) 外側からの理解　79
　エクササイズ●5－2　80
　(2) 内側からの理解　82
　エクササイズ●5－3　83
2 クライエントとの関わり　85
　エクササイズ●5－4　86
　エクササイズ●5－5　89
3 言い換え　92
　エクササイズ●5－6　93
　エクササイズ●5－7　95
4 対話と沈黙　98
　エクササイズ●5－8　98
　エクササイズ●5－9　100

ワーク6　クライエントとカウンセラーの対話分析　104

1 促進的対話と非促進的対話　105
　エクササイズ●6－1　105
2 より促進的な応答の仕方　112
　エクササイズ●6－2　112
3 対話のプロセスレッスン　120
　エクササイズ●6－3　121

ワーク7　カウンセリングのイメージづくり　126

劇画「カウンセリングの実際―鈴木さんの悩み―」　127
　エクササイズ●7－1　155

劇画の解説

劇画「カウンセリングの実際―鈴木さんの悩み―」解説　157
　1 カウンセリングとはどんなものか　158
　2 鈴木さんとのカウンセリングのプロセス　159

おわりに　165

はじめに

ワークブックのねらい

このワークブックでは：―
　①"カウンセリング"とはどういうことか
　②"クライエントを理解する"とはどういうことか
　③"カウンセリング"はどのように進められるのか
などについて、エクササイズ（練習問題）を通して理解を深め、家庭、職場、交友などの対人場面で、カウンセリングの考え方や技術を応用して、対人関係を円滑に、また、深めていけるようになるための入門学習者のための本です。

　このワークブックは、練習問題中心に構成されています。練習問題は、紙と鉛筆とあなたの頭と感覚を動員して取組むように工夫されています。実際に"クライエント"とカウンセリングを試みることはできませんが、練習問題によって、模擬的練習をしてみることはできます。そして、その中から、あなた自身でカウンセリングのイメージをつかんでいくことができます。

　カウンセリングは、日常生活での会話とは違った考え方や感じ方が要求される面があります。練習問題に取組む中で、普段とはちがった視点で考えることや、なじみのないやり方でやってみることをすすめられるでしょう。しかし、あなた自身の考え方や感じ方を無理に変える必要はありません。"あっ、そんな見方もあるのか""こんなふうに自分にもやれるかもしれない"と思えれば、このワークブックの目的は達成されたことになります。

　カウンセリングを応用して、自分の日常の対人関係を豊かにするために、自分の行動のレパートリーをひろげることがこのワークブックのねらいです。

①"クライエント"という呼び名は、日本語訳では"来談者"とされています。「問題を抱えて相談に来た人」の意味です。時には"依頼者"という訳語が当てられることがあります。このワークブックでは、"クライエント"をそのまま訳さずに用います。
②エクササイズは、カウンセリングの大切な要素をひとつずつ、考えたり、練習したりする課題を指します。エクササイズのいくつかのまとまりをワークと呼ぶことにします。1つのワークが1つの章にあたると考えて下さい。

ワークを進める上での留意点

1. 自分でやる……ワークは、できるだけあなた自身でやってみるようにして下さい。やってみて、自分の頭と感覚で味わうことが重要です。
2. ステップ・バイ・ステップ……似たような問題でも、できるだけとばさずにやって下さい。似たように思われても、それぞれの問題は、少しずつちがった観点からつくられています。また、少しずつむずかしいものになっています。学習とはくりかえすことでありますから。
3. 解説で確認と展開……エクササイズはまず問題をやってみて、体で味わうことが大切です。むずかしかったり、やりにくかったりしたら、解説やヒントを読んでから問題に戻ってもやむをえませんが、なぜむずかしいのか、やりにくいのかを味わうためにも、まず問題からとりかかりましょう。

   解説ではカウンセリングの立場から説明をつけていますので参考にしてください。と同時に意味づけや位置づけについての確認をしてください。
4. グループでこのワークブックを使うことは大いに役立つ……そのときは、解説をあとまわしにすることが原則です。全員が自分の考え方や感じ方を出し合い、話し合い、充分に理解し合ってから、解答と解説を読むようにして下さい。全員で出し合い、話し合うときも、解説やヒントを読むときも、留意したいことは、正解をみつけることではないということです。自分の考え方、感じ方の特徴を知ることがねらいなのです。自分とグループのひとりひとりのメンバーと、どこが、どのように、なぜちがうのか（または、似ているか）を知ることが重要なのです。
5. 解答は別の綴じ込みにしてあります。自分で解答して書き込んだ後で解答を参照するようにしてください。

   また、「解答と合っていたとか、間違っていた」とかというようには使わないでください。むしろ「自分の考え方とは別にどんな応え方があるのか、他にどんな関わり方が考えられるのか」というように、あくまでも「参考」として活用してください。

   １００人のカウンセラーが１００人とも同じ解答、反応を示したとしたらそれこそ恐ろしいことだと思いませんか。

コラム1

自己実現 (Self-Realization)

　人間には、自分のもつ能力や可能性を実現し、十分に発揮していこうとする基本的姿勢があると考えられている。自己実現とは、自分の能力や可能性を発見し、人間性を最高に発揮して生きよう、より成長した自分となろうとすることである。

アブラハム・マズロー (Abraham H.Maslow) (1908〜1970)

　アメリカの心理学者。

　マズローは、人間の動機づけを理論の中心概念とした。彼は、まず、動機を欠乏動機と成長動機の二つに大別し、その中にさまざまな欲求が階層的に秩序を保っており、低次の欠乏動機に属する欲求から高次の欲求へと、一段一段満たされていくと考えた。

欲求の5段階

⑤　自己実現の欲求
④　承認の欲求
③　所属と愛の欲求
②　安全の欲求
①　生理的欲求

段階	内容	動機
⑤	・可能性の実現 ・使命の達成	成長動機
④	・人から尊敬されたい ・自尊心をもちたい	欠乏動機
③	・集団に所属したい ・友情や愛をわかち合いたい	欠乏動機
②	・保護されたい ・雨風をしのぐ	欠乏動機
①	・性欲 ・飢え、渇きを満たしたい	欠乏動機

(カウンセリングの話、平木典子　34ページ)

　初めの4つの欲求は満たされる必要があるけれども、人間は欠乏動機によってのみ生きるのではなく、それらがある程度満たされることにより、真の成長動機である自己実現の欲求が現れる。

　マズローは、このように、人間の本来の姿を自己実現に求めている。

ワーク1 クライエントの問題と問題へのアプローチ

1. 障害除去のアプローチ
   エクササイズ●1－1
2. カウンセリングのアプローチ
   エクササイズ●1－2
   エクササイズ●1－3

　クライエントは「問題を持って相談に来る人」です。しかし、私たちは、ごく日常的に、相談にのったり、相談に行ったりしますが、相談に来る相手のことも、相談に行く自分のこともクライエントとは考えません。では、なぜクライエントというような呼び方をしたり、相談といわずにカウンセリングといったりするのでしょうか。私たちが日常的に呼んでいるいわゆる"相談"とカウンセリングとは、どこが、どのようにちがうのでしょうか。

　この点について考え、カウンセリングとはどんなことかを理解するために、私たちが日常的に行なっているいわゆる"相談"ということを、見直すことからこのワークブックに入ってみましょう。

　カウンセリングに限らず、いわゆる"相談"の場合も、相談したい"問題"があるから相談にくるわけです。そこで、"問題"という観点から"相談"ということを考えてみましょう。

　では、さっそく「ワーク」に入っていきます。手始めに次のエクササイズ1－1の事例を読んでください。普段の自分の発想で結構ですから①～③の問いに応えてみましょう。

1　障害除去のアプローチ

次の2つの相談の事例を読んで、設問に答えてください。

〔事例1〕男性　28才
　日曜日にも接待のゴルフがあったり、毎日遅くまで仕事で帰りは12時を回ったりすることがほとんどです。そのせいか、子どもは柱の影から知らない人を見るようにして、以前のように飛びついてくることもなくなりました。妻はそんな子どもを見ていて、「パパはお仕事で疲れているから」といってくれるのですが、寂しくてたまりません。

①この人はどんなことを訴えていると思いますか。（問題と気持）

___

②あなたはこの人の訴えを聞いてどんなことを考えたり、感じたりしましたか。

___

③あなたはどんな風にこの人に接しようと思いますか。（アドバイスや解決策を含む）

___

〔事例2〕女性　38才
　最近また、急に心臓の具合が悪くなったように思うのです。2年ほど前に入院したことがあったのですが、その時に姑にさんざん文句を言われたのです。姑はまだ現役で仕事をしていましたし、家も遠かったものですからだいぶ負担をかけたのはたしかなのです。今度また、入院ということになると……。人を雇うほど余裕はないし、もう二度と姑に頼みたくないし、頼まなければ、それはそれで嫌味を言われるだろうし…。そう考えるとますます具合が悪くなるようで憂うつです。主人はまったくそんなことにはまるで無頓着なのです。

①この人はどんなことを訴えていると思いますか。（問題と気持）

___

②あなたはこの人の訴えを聞いてどんなことを考えたり、感じたりしましたか。

___

③あなたはどんな風にこの人に接しようと思いますか。（アドバイスや解決策を含む）

___

©1986　日精研心理臨床センター（禁複製）

ワーク 1

クライエントの問題と
問題へのアプローチ

解説

　エクササイズの設問の①が、この人の問題（および問題にまつわるこの人の気持）は何かということであり、設問の③がその"問題"解決のためのアプローチは何かということになります。設問の②は、問題や問題にまつわる気持を聞いて相談をうけた人（カウンセラー）が考えたり、感じたりしたことで、カウンセラーの心の中のできごとです。つまり問題は何だろう、どんなことを訴えているのだろうかをまず受け取り、それについて、心の中で考えたり感じたりし、そして考えたり感じたことを基にしてどうやって援助しようかと具体案を考え、伝えるというプロセスがあるわけです。

　さて、事例1と事例2の解答例③の欄（別冊）を見て下さい。
　この2つの解答例に共通している考えは、イ．気持を慰める　ロ．具体的に障害になっていることについてそれを取り除く考え方、方法を考える、ということです。

◆　　　◆　　　◆

ワーク 1 クライエントの問題と問題へのアプローチ

　私たちが問題を抱えて相談にいくということは、何らかの障害にぶつかって、生きていく力が弱まったり、どう生きていくかがわからなくなったりしたために、人からの助力を得て生きていく力を回復したり、新しい道を発見したいということです。図であらわすと、次のようになります。

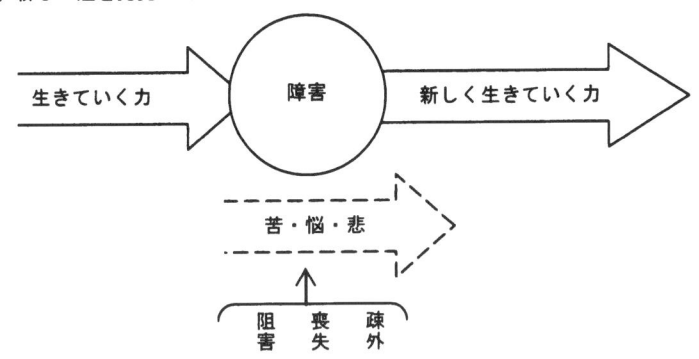

```
　　生きていく力　→　（障害）　→　新しく生きていく力
                        ↓
                     苦・悩・悲
                        ↑
                    阻　喪　疎
                    害　失　外
```

例えば：
A　お金がなくて困っている→お金を与える
　　（お金がないという障害の除去）
B　友だちからいじめられる→いじめっ子を叱る
　　（いじめっ子という障害の除去）
C　仕事が面白くない→職場（会社）を変える
　　（面白くない仕事という障害をとりかえる）
D　子どもがいるので働けない→姑の手を借りる
　　（働くことの妨げとなっている育児の役割という障害を他の人（もの）に委ねる）

　これらの例は、障害を除去、とりかえ、委譲などの方法で、外側（周囲）に働きかけ、あるいは外側（周囲）からの働きかけによって障害を解消するケースです。

ワーク 1

クライエントの問題と
問題へのアプローチ

エクササイズの進め方は理解できましたでしょうか

事例を読んで，自分で解答を書き込んで，別冊の解答を参照し，解説を読んで理解を確認するというように学習を進めてください。
グループで学習するときには，各自の解答を相互に検討しあいます。
その際に別冊の解答と照らし合わせつつ検討の参考にしてください。

次のエクササイズ1-2では、外側に働きかけたり、外側からの働きかけによったりして障害を解消するのが少々難しいケースを見ることにしましょう。

2　内面へのアプローチ

次の2つの相談の事例を読んで、設問に答えて下さい。

〔事例3〕男性　21才

　私はこの会社に入って3年半たったところです。最初からそれ程期待して入社したというわけじゃないんですが、給料はあまり上がらないし、上司はどうみても無能なくせにいばってばかりいるし、なんだか面白くなくて、将来のことも考えると憂うつになるし。

　毎日こんなバカみたいな仕事してていいか、それともこの際脱サラでもしようかと考えたりしているのです。脱サラするんなら若い内だし。それには資金も勇気もいるし……どうしたものかと思いまして……じつは、友人に誘われているのです。一緒にやらないかって……。

①この人はどんなことを訴えていると思いますか。（問題と気持）

_____

_____

②あなたはこの人の訴えを聞いてどんなことを考えたり、感じたりしましたか。

_____

_____

③あなたはどんな風にこの人に接しようと思いますか。（アドバイスや解決策を含む）

_____

_____

〔事例4〕女性　17才

　私の父は商社に勤めているんですが、何故かいつも2年ほどもするとすぐに転勤になってしまうんです。父はずい分知識も技術も指導力もあり、評価されていることを知っています。私も小さい頃から尊敬もしてきました。でも……私は父の仕事場が変わるたびに転校することになるのです。あちこちに行って、面白いことやら珍しいこともたくさん体験しましたが、転校だけは何度やってもいやでした。私も弟もいつも慣れるのに大変な苦労がいりました。いえ、苦労はいいんです。何よりつらいのは、心からの友達ができないということなのです。父のそばにいたいと思いました。でも、私も心からの友達も欲しかったんです。それが一番淋しく、つらいことだったのです。自分はすぐにそこから離れる運命だと思うと、いつも人の外側にいたのです。

①この人はどんなことを訴えていると思いますか。（問題と気持）

_____

_____

②あなたはこの人の訴えを聞いてどんなことを考えたり、感じたりしましたか。

_____

_____

③あなたはどんな風にこの人に接しようと思いますか。（アドバイスや解決策を含む）

_____

_____

©1986　日精研心理臨床センター（禁複製）

ワーク1

解説

　この事例3，4にあなたはどのように解答したでしょうか。事例1，2のように具体的な障害を見つけて、それを何とか取り除くことで解決するには少々難しいケースだったと思います。

　生きていく上で私たちが遭遇する障害は、外側から除去できるものばかりとは限りません。私たちの心の中の障害は、たいていの場合、そう簡単に解決できない、というより、解決しようとする意欲をもつことすら困難なことが多いのです。

　次の例をみてください。

A　大好きだった人が突然死んでしまった。この先自分はどう生きていけばいいのか。生きていく意味が分からない。

B　親の意見に従おうか、それとも恋人の意見に従おうか。どちらも捨て切れない。

C　私が水商売をしていたからといって。姑は何をどうやっても私を受け入れてくれない。

D　病気のために子どもを産めなくなった。このことを恋人にうち明けられない。

　これらは、外側から簡単に障害を取り除けることではなく、心の奥まで深く傷ついたり、迷ったりしていることだからです。

　　　　　◆　　　　◆　　　　◆

　事例3，4のようなケースになると様々な見解がでてきますので、別冊に紹介した解答例はあくまでひとつの参考です。しかし、次のようなことは言えると思います。

　このようなケースでは、通常その人の姿勢、思い込みやとらわれからの切りかえの必要性、積極的な意欲と姿勢の必要性などが考えられています。つまり、外側に問題を発見し、その外側の障害を取り除いたり、取りかえたり、委譲したりといった、事例1，2で考えたような方法ではうまくいかないときに私たちが用いる方法なのです。

　そこで今度はその人の内面的な姿勢、意欲などその人自身に即した解決アプローチを用いることになるわけです。簡単に言えば、外側（周囲）が変えられなければ、本人の気持や考え方を変えようという発想になるわけです。

ワーク 1
クライエントの問題と
問題へのアプローチ

では、本人の気持や考え方を変えるために、どんな方法が使われているのかを考えてみましょう。

1. 解　　放 ─ ①思い込みからの解放
　　　　　　　②過去のとらわれからの解放
　　　　　　　③周囲の目へのこだわりからの解放
2. 明　確　化 ─ ①目標の明確化
　　　　　　　②問題や障害の明確化
　　　　　　　③考えや気持の明確化
3. 目　標　化 ─ ①新しい目標を企てる
　　　　　　　②間違っていた目標の修正
　　　　　　　③実現可能な目標設定
4. 積　極　化 ─ ①自分から働きかける（受け身にならない）
　　　　　　　②意欲を持つ
　　　　　　　③自己表現（主張の促進）
　　　　　　　④自信を持つこと
5. 再　認　識 ─ ①歪んだ認識の修正（正しい情報）
　　　　　　　②客観的な認識の必要性
　　　　　　　③他者の立場からの認識を持つ
6. 切りかえ ─ ①気ばらし（レクリエーションなど）
　　　　　　　②悲観的に考えない
　　　　　　　③思い切ることの必要性
　　　　　　　④あきらめることの必要性

　このような1から6までの方法が、相談を受けた時の相手や相手の状況に応じて選択され、用いられているのではないでしょうか。
　では、そのことを実際の事例で確かめてみましょう。

ワーク 1
クライエントの問題と問題へのアプローチ

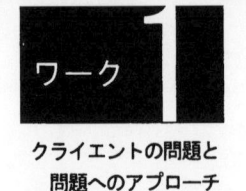

エクササイズ●1-3

次の5〜8の相談事例について、設問に答えて下さい。そして、そこで考えられた解決策について検討してみましょう。

〔事例5〕主婦　35才

　10年も連れ添ってきた夫が、この2〜3年、ギャンブルにのめり込むようになって、いくら言ってももう元に戻りそうもないのです。毎日のように催促に怖い人が来るようになって、この際、離婚しようかと考えているんです。このまま夜も眠れない状態が続いたら、完全にノイローゼになってしまいそうです。子どもはまだ幼稚園ですが、手に職をつけて自立したいと思っているんです。夫にふり回される生活なんてもうこりごりです。

①この人はどんなことを訴えていると思いますか。

_____
_____

②この人はどんな風になればいいと思いますか。

_____
_____

③この人の問題解決のためにどんな方法をとったらいいでしょうか。

_____
_____

〔事例6〕男性　35才　会社員

　今度会社の人事異動がありまして、私が営業課長に任命されたのです。これは、私としては、栄転というわけなんですが、この内示があってから、心配で夜眠れなくなってしまったんです。というのは、営業課にはAさんというベテランの係長が頑張っていまして、営業には素人の私が浮き上がってしまうのは目にみえているんです。先のことをいろいろ考えだすと、食欲もなくなるし……といって、辞退するわけにもいきませんし……どうしたらいいでしょうか。

①この人はどんなことを訴えていると思いますか。

_____
_____

②この人はどんな風になればいいと思いますか。

_____
_____

③この人の問題解決のためにどんな方法をとったらいいでしょうか。

_____
_____

Ⓒ1986　日精研心理臨床センター（禁複製）

ワーク 1

クライエントの問題と
問題へのアプローチ

エクササイズ●1-3

〔事例7〕女性　17才　高校2年生
　人は自分のしたいことや思っていることが言えるみたいなんですね。だけど私にはそれができないんです。人の強さに押されちゃうのかもしれません。イヤッていえないもんだから結局、色々なことを引き受けてしまうんです。この間も試験の前に「ノート見せて」って言われて、まだ自分でもきちんと整理していないし、今度勉強しようと思っていた科目だったのに貸してしまったんです。自分でもこんな風に消極的じゃいけないとは思うんですけど……。

①この人はどんなことを訴えていると思いますか。

_____
_____

②この人はどんな風になればいいと思いますか。

_____
_____

③この人の問題解決のためにどんな方法をとったらいいでしょうか。

_____
_____

〔事例8〕男性　19才　大学生
　私はこの学部に入るべきではなかったんです。この大学の2つの学部に合格してたんですが、両親や先生とも何度も話し合ったんです。その時はよく分からなかったし、どっちでもやれそうだったし、とに角大学生になって親を安心させたかったんです。でもこの2年間は私としては憂うつな毎日でした。全然面白くないし、興味も沸かないし、成績もひどいのです。このままやっていく自信はありません。できたら大学も辞めたいぐらいなんです。でも大学を卒業してちゃんと就職して将来両親を看なければいけないし、どうしたらいいか…。母親には毎日大学で勉強しているような顔をしているんですが、全然授業にでていないのです。

①この人はどんなことを訴えていると思いますか。

_____
_____

②この人はどんな風になればいいと思いますか。

_____
_____

③この人の問題解決のためにどんな方法をとったらいいでしょうか。

_____
_____

ワーク1

クライエントの問題と問題へのアプローチ

解説

　さてどんな解答になりましたか。
　前にあげた（15ページ）の、1.解放、2.明確化、3.目標化、4.積極化、5.再認識、6.切りかえのうちで用いられたものがあったでしょうか。
　このような考え方に立ってアドバイスしたり、解決策を提案したりすることはよく用いられる方法です。しかし、一方、このような方法をとることによって解決できるはずのものが、何故かなかなかうまくいかないことにも気づくと思います。何故うまくいかないのでしょうか？

　ひとつは相手の人（クライエント）がうまく気持を切り換えたり、考えを明確にしてくれないからです。
　もうひとつは相手の人（クライエント）が自分にはできないとか、自分はだめな人間だと思い込んでいて、動いてくれないからです。
　第三者からみれば容易なことだったり、道筋が見えていたりしていることが、当の本人は全く不可能なことと思い込んでいたり、迷ってばかりいたりするものです。切りかえたり、決断したりということは、はたで思うほどにはパッとできないもののようです。
　では、1.解放から、6.切りかえまでの考え方は解決に役立たないのだろうか？という疑問にぶつかります。

　事例に戻って考えてみましょう。事例8の大学生の場合でも、話を聞いていくとたいていの場合「母親に授業に出ていない、本当は辞めたいと言った方がいいと思うのです」と言います。しかし、彼には言えない。それは「親を悲しませたくない」からであるということに気がつきます。だから彼は2つの心の揺れの中で止まっているのです。どちらかひとつの気持に従えばもうひとつの気持が傷つき、破れる。彼にとっては今の所、どちらも捨てきれない気持なのでしょう。
　彼としては、大切にしたい2つの気持（価値観）をそう簡単に割り切ったり、捨てたりできるでしょうか。もしできるとしたら、それこそおかしいと思うのです。
　そこでカウンセリングの考え方では、当面の目標や方法として、
1.解放、2.明確化、3.目標化、4.積極化、5.再認識、6.切りかえのようなことを想定し、相手に伝えたりしますが、それを性急にではなく、本人（クライエント）の今の力に合わせて、今の気持に添ってやっていこうと考えます。

ワーク 1

クライエントの問題と問題へのアプローチ

解説

　それだけ相手の歩調を大切にするのは、人の心（気持、考え）、行動はそう急いでは変えられないからです。少なくとも本人が変わりたい、変えたいと思わなければなおさら難しいということは、誰でも経験的に知っているのではないでしょうか。本人がそれを受け入れ、やる気にならなければ意味がありません。あるいは、やろうと思い、やろうと努力しても、やれないからこそ、"問題"なのだともいえるでしょう。

◆　　◆　　◆

　カウンセリングは、人は強制や指示によってではなく、自分の力で選択し、そのことの意味を自分なりに納得できた時、苦痛もいさぎよくひきうけるものだという考え方に立っています。そして、苦痛は、取り除けるものであるならば、自分の力で取り除けるようになってほしい、もし取り除けないものならば、それに耐える意味と力を自分の力で発見し、苦痛と共に生きられるようになってほしいという願いの上に立っています。
　こういう考え方に立つとすると、私たちはどのようなことを考えたらよいでしょうか。
　〈相談＝立派な助言（〜しなさい）〉という図式は相手の問題解決にはならないこと、そして、自分で考え、選択し、納得することが大切だということ、これがいわゆる"相談"とカウンセリングを分けるもっとも基本的な点です。
　ではカウンセリングをするということは、具体的にどんなことをすることなのでしょうか。
イ．まず、クライエントが話し易くいられるようにすること。
ロ．次にクライエントが自分の考え方や気持を明確にし、整理したりできるように助けること。
ハ．さらに、クライエントが本当に望んでいること、心の底で感じていることを理解していくこと。
ニ．その上で、何か助言したり、決断を促したりすることが必要なら、そうしてみること。
　こうしたことがクライエントの立場や力に添ってできると、クライエントは自分で一生懸命、考え、自分らしく、自分の考え、行動を統合していけるようになります。

　このイ．〜ニ．については後のワークで徐々に取りあげていきますが、このワーク１では、クライエントの問題や訴えとその問題解決のためのアプローチについて考え、カウンセリングはどのような考えを基本にするかを考えてきました。そして、いわゆる"相談"とカウンセリングとの違いを明確にしようとしてきました。

◆　　◆　　◆

ワーク2 クライエントの語り

1. 話の中の3つの要素
    エクササイズ●2-1
    エクササイズ●2-2
2. クライエントの訴え
3. フィードバック
    エクササイズ●2-3
4. 感情の反射
    エクササイズ●2-4

　カウンセリングは、クライエントが持っている"問題を話す"ことから展開していきます。いいかえれば、クライエントの"問題"をめぐる話を聞くことからカウンセリングは始まります。そこで、クライエントの話をどう聞くかについて考えてみましょう。

1　話の中の3つの要素

　話の中には、①事実（出来事）、②感情、③計画（願望、予測）の3つの要素が含まれています。
　①〈事実〉の要素は次のように表現されるでしょう。
　「～ということがありました。その時の状況は……でした」
　事実という要素に焦点をあててクライエントの話を聞くとは、その時の状況を明らかにすることです。その時の状況がカウンセラーにもはっきりわかるように質問したり、説明を求めたりすることによって、クライエント自身の状況把握や再構成の助けにします。
　②〈感情〉の要素は次のように表現されるでしょう。
　「～ということがありました。それで……と感じました」
　感情という要素に焦点をあててクライエントの話を聞くということは、その状況の中でクライエント自身がどう感じていたか、どんな気持でいたかを明らかにすることを通して、その状況の中でのクライエント自身の気持を明確にすることを援助します。
　③〈計画〉の要素は次のように表現されるでしょう。
　「～ということがありました。それで……したいのです」
　計画という要素に焦点をあててクライエントの話を聞くということは、クライエントがその状況の中でどんな予測や期待や意図をもっているのかといったクライエントのこころづもりを明確にすることを助けます。
　一方、カウンセラーは、これらの3つの要素に焦点をあててクライエントの話を聞くことによって、クライエントがいまおかれている状況を、クライエントの立場に立って理解する手がかりをつかむことができるようになります。
　では、実際の話を用いて、これらの3つの要素を区別する練習をしてみましょう。

ワーク 2
クライエントの語り

エクササイズ●2−1

次に〈事例9〉から〈事例11〉まで、3つの事例が並んでいます。それぞれの事例を読み、事実、感情、計画の3つの要素に当る部分にアンダーラインを引いて下さい。

〔事例9〕男性　34才

先日、久しぶりに家族でドライブにいったのです。そしたら、ひどい渋滞で、妻がイライラして喧嘩ばかりでした。子どもはぐずりだすし、トイレにもいけないし、三人ともすっかりくたびれてしまって、今度から二度と日曜日にドライブなんて行くものじゃないと思いましたよ、まったく！

〔事例10〕女性　35才

今日、学校から連絡があって、おたくのお子さんは4日も学校を休んでいますと叱られたのです。今まで4日も放っておいて、今頃連絡してくるなんて、ひどいと思うんですよ。担任の先生もいいかげんだと思いますよ、まったく。だって、私は仕事に出ていて、こどもが学校を4日も休んでいたなんて気づくわけないんですから。校長先生に注意するよう申し入れようと思っているんですよ。どう思いますか。

〔事例11〕男性　38才

こんなふうに申し上げて、わかって頂けるかどうか、わかりませんが……家内が家の中でドテンと坐っているのをみると、ああ、もうおしまいだという気持が沸いてくるんです。無神経さと図々しさと、品の悪さと思いやりのなさをいっぺんに感じてしまうのです。もう心がスレ違って何年にもなります。うまく話合いすらもてません。以前は、よくいっしょに遊びもしたし、話合いももっていたのですが。そしてそのときは、ああ、なんていい人といっしょになれたんだと強く感じられていたのに。いっそ、家内が別れようと言ってくれるといいのに…。

ワーク 2

クライエントの語り

解説

　事例 9、事例 10 には 3 つの要素が含まれていて、しかも、それぞれが比較的に区別しやすかったと思います。しかし事例 11 になると、事実と感情が区別しにくくなってきます。例えば、"ドテンと坐っている"のが事実なのか、それとも、このクライエントの心象風景の中の出来事なのかはっきりしません。もし心象風景の中の出来事だとすると、感情の要素ということもできそうです。

　このように考えると、事例 11 は事実をほとんど含んでいない話、あるいは、事実と感情を区別することがむずかしい話ということになります。

◆　　　◆　　　◆

　事例 11 のような要素の偏った話、区別のしにくい話について、もう少し検討してみましょう。

ワーク 2
クライエントの語り

エクササイズ●2-2

次に2つの事例を読み、それぞれの事例について、事実、感情、計画の3つの要素に当る部分にアンダーラインを引いて下さい。

〔事例12〕女性　22才

　私の前には大きな壁がそびえ立っています。私はその壁の前で、立っているだけしかできません。私の力では動かせそうもないのです。…壁って運命みたいなものです。……母は私を自分のために産んだのです。私は、母から、私の欲しいことを何ひとつしてもらった気がしません。でも、そんな母を私は恋しく思っていたのです。でも、母は私をふり向いてはくれませんでした。…でも、私は母を恨んではいけないのです。

〔事例13〕男性　29才

　姉は24歳のときに結婚したのですが、相手の人がお金を全部自分の遊びのために使ってしまう人で、しかもあちこちで借金をしてはその付けが姉に回ってくるので姉は大変な思いをして生活していました。時々こっそりと私にも姉が借りに来ていましたが、何度かお金をあげた記憶があります。母はそれでも家に帰って来いとは言わないで励ましていました。しかし、それも限界が来て姉は30歳のときに戻ってきたのです。それからは、姉の子ども達と一緒に暮らすことになったのですが、たしか2年位してから姉が蒸発してしまったのです。うわさでは関西にいると聞いていますが、姉からの音信はまったくありません。

ワーク2 クライエントの語り

解説

　事例12は、事例11と同じように、どこに事実が含まれているのかわからないような話です。
　それに対して事例13は、事実ばかりが話されていて、感情の要素も計画の要素も見当たらないようです。しかし、このような話にじっと耳を傾けていると、事実の羅列の裏側から、クライエントの感情が推測されてきます。このような事実の要素ばかりの話の場合、言葉で表現された中に感情の要素が見当たらないからといって、感情の要素がないといい切ることはできないような気がしてきます。

◆　　　◆　　　◆

　話には事実、感情、計画という3つの要素が含まれていますが、どの話にも3つが全部そろって表現されているとは限りませんし、また、それぞれの要素が判然と区別できるとも限りません。
　しかし、話は3つの要素が統合されて、はじめて全体としてわかるものになってくるのです。全体としてわかるということは、クライエントの世界が聞き手に伝わってくるということです。クライエントの世界が理解されてはじめて、そのクライエントの問題が何かがわかり、アプローチもつかめてきます。
　クライエントは、自分ひとりで問題に取組んだり重荷を背負ったりすることが困難な状況にいるからこそ、クライエントなのです。クライエントの話は、したがって、混乱していたり、脱落していたり、重複していたり、矛盾していたり、偏ったりしていることの方が自然なのです。
　ですから、言葉として表現されていない要素にも敏感にクライエントの話を聞く必要があります。このような聞き方は、カウンセラーのクライエント理解にとって役立つだけでなく、クライエントの自己理解にも役立ちます。
　つまり、感情の要素ばかりを話すクライエントは、自分のおかれている状況を客観的にみることがむずかしくなっているわけですし、事実ばかりを話すクライエントは、感情を押し殺しているので、感情を解放することが困難になっているわけですし、計画の要素が含まれていないクライエントは、現実の辛さにひしがれて、生きる希望や動き出そうという力を持てなくなっているのかもしれません。
　これらの場合に、聞き手が3つの要素にしたがってクライエントの話を聞こうと努めることによって、クライエントは自分の話を見直し、整理していき、自己理解へと近づいていけるのです。

ワーク 2 クライエントの語り

2 クライエントの訴え

　次に、これらの3つの要素をどのように関連づけて話を聞くかについて考えてみましょう。事例9の24才の男性の例を思い出して下さい。

　「先日、久しぶりに家族でドライブにいったのです。そしたら、ひどい渋滞で、妻がイライラして喧嘩ばかりでした。子どもはぐずりだすし、トイレにもいけないし、三人ともすっかりくたびれてしまって、今度から二度と日曜日にドライブなんて行くものじゃないと思いましたよ、まったく！」

　この事例から3つの要素を拾うと次のようになります。
〈事実〉日曜日に家族でドライブに行ったら、ひどく混雑していた。
〈感情〉久しぶりだったのに、すっかりくたびれてしまった。
〈計画〉二度と日曜日にはドライブに行くまい。

　そこで、〈事実〉や〈出来事〉をもっと明確にするとしたら、
　イ．どこに行ったのか　ロ．どんな場所か　ハ．どんな時間帯に行ったのか　などを聞くことになるでしょう。
〈感情〉をもっと明確にしようと思ったら、イ．どの程度行きたかったところか　ロ．なぜ久しぶりに行こうと思ったのか　ハ．なぜ楽しかったことを話さずに、くたびれたことだけを話すのか……などを聞くかもしれません。
〈計画〉をもっと明確にしようと思ったら、イ．事前の渋滞情報はどうだろう　ロ．どんな時間帯なら大丈夫か　ハ．場所の選択の問題はどうか……などを聞いていくことになるでしょう。

　ところで、事例9のクライエントの話を聞いて、〈事実〉〈感情〉〈計画〉のうちのどの要素についてもっと聞きたくなりますか。おそらく〈事実〉と〈計画〉の要素についてではないでしょうか。ということは、普通、私たちが話を聞くときは、〈出来事の分析〉→〈計画の変更〉という順序で話を構成することが多いからです。「原因」→「結果」という図式です。

　つまり、「混んだところに行ったから、くたびれたのだ。もっと楽に行ける所や方法があれば、そんな苦労はしなくてすむ」という手順です。

　いわゆる"相談"の中には、問題解決の方法を教えることを目的とするものもあります。例えば、法律、経済、医学などがそうです。弁護士や医師に相談するという場合は、ある問題について解決方法を聞くために相談に行きます。情報や知識が不足している場合には、〈出来事の分析〉→〈計画の変更〉という方向で問題は解決するかもしれません。

　しかし、カウンセリングでは、ちがった考え方、立場に立っています。たとえば、不登校になっている子どもの親からの相談の場合を考えてみましょう。大ていの親は、どうしたら子どもが学校に行くようになるのか、と今後の計画の要素ばかりを聞いてくることがあります。このような場合でも、親の話の背後にある困惑、焦燥、不安などの感情に焦点をあてて聞くことによって、親が心の安定を少しずつ取り戻し、客観的に事態を見直すことができるようになれば、親が自分の力で、子どもと力を合わせて、具体的な計画を考えていけるようになります。そのため、**カウンセリングはクライエントの感情面を取扱うことを主なねらいとします**。これがいわゆる他の相談とカウンセリングとのもっとも大きなちがいのひとつです。

ワーク 2
クライエントの語り

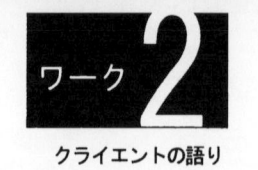

　なぜ感情面に重点をおくかということを別の視点から考えてみましょう。クライエントは話をすることを通して、カウンセラーに何を伝えようとしているのでしょうか。クライエントが伝えようとしていることを、カウンセリングではクライエントの〈訴え〉〈主訴〉といいます。そこで、事例9を用いて、このクライエントの訴えは何かを考えてみましょう。

　このクライエントは、起った出来事を報告しにきたのでしょうか。あるいは、計画の変更について、知恵を借りたかったのでしょうか。どちらにしても、クライエントは、なぜ、そうしたいと思ったのでしょうか。

　つまり、クライエントの訴えたかったことは、「久しぶりに行ったのに、混んでいて、くたびれて、がっかりした、そのことでこじれてしまった」という気持を聞いてもらいたいということ〈感情の伝達といいます〉だと考えられます。

　このように、カウンセリングの考え方、立場からいうと、感情的な混乱やこだわりなどが障害となって問題解決に進めない場合が日常生活では大へん多いこと、また、感情的な混乱を処理することを学ぶことができれば、自力で問題解決できるようになり、しかもその方がより根本的な解決策であるという見方をします。

　感情面を主に取り扱うということは話の中に言葉として表現されている〈感情〉に焦点を当てて聞くということと同じではありません。〈事実〉の要素ばかりを羅列するクライエントの場合に、言葉の背後にあるクライエントの押し殺された感情に敏感に話を聞かなければならないのと同じように、〈感情〉の要素ばかりを話すクライエントの場合は、感情にまきこまれて、冷静に、客観的に、ゆとりをもって、自分自身をみつめたり、自分のおかれている状況を考えたりすることができなくなっているクライエントの感情にカウンセラーは敏感になり、クライエントが自分の感情を適切に処理できるよう助けるのです。

　ですから、話の中の3つの要素に留意するということは、クライエントの話を聞いて、〈事実〉ばかりだなあと気づいたり、〈感情〉にまきこまれて〈事実〉が出てこないなあと気づいたりできるような聞き方をするということも含まれています。

　〈事例9〉でみたように、クライエントの訴えが感情の伝達である場合、そしてカウンセリングではクライエントの訴えのほとんどは感情の伝達なのですが、カウンセラーはまず、クライエントの感情をうけとめることが必要です。それからゆっくり、楽にドライブする方法や計画について、相談にのっても、決して遅くはありません。遅くはないどころか、それによってクライエントは、充足感と安心感を得、カウンセラーへの信頼感をますでしょう。

ワーク 2
クライエントの語り

3 フィードバック

クライエントの話を聞く場合に、3つの要素に着目し、訴えに焦点をあてて聞くことが大切であるということについて考えてきましたが、話を聞かれる側つまりクライエントの側に視点を移してこのことを考えてみましょう。

話を聞いてもらう立場のクライエントにとってのいちばんの関心、気がかりは、自分の話がどのように伝わったのだろうか、カウンセラーは自分の話をどのようにうけとってくれたのだろうかということでしょう。

いいかえれば、カウンセラーから"私はあなたの話をちゃんと聞いていますよ、このように受けとりましたよ"ということがクライエントにきちんと応答の形で返ることによって、クライエントは安心して自分の話を続けていくことができます。

あいづちを打つ、うなずくなどによっても、カウンセラーの"あなたの話を聞いていますよ"というメッセージは伝わりますが、どう伝わったのかという点になるとあいまいさが残りますので、できるだけ言語的な応答を心がけるようにします。

事例9で、クライエントの訴えが"久しぶりに行ったのに、混んでいて、くたびれて、がっかりした"という感情を伝達することだとすると、カウンセラーはクライエントのその訴えを受けとったということを、きちんとクライエントに伝え返します。つまり、"久しぶりだったのに、混んでいて、くたびれて、がっかりしたのですね"といって、クライエントの感情をうけとめたということを、クライエントに伝え返すわけです。

カウンセラーがクライエントの話の内容や感情をクライエントに伝え返すことをフィードバックといいます。フィードバックによって、クライエントは、① 自分の話がカウンセラーにどのように伝わったか（カウンセラーがどのように受けとったか）を知ることができますし、② 自分が伝えたかったこととカウンセラーから返されたことを照らし合わせて自分をふりかえることができます。

次の例題で、フィードバックについてもう少し検討してみましょう。

〈例題　女性　28才〉

先日お見合いをしたのですが……母の友人がもってきた話で……まあ、雰囲気は悪くないなと最初思ったのですが……しかし、2～3度つき合ってみると、だんだん相手のわがままなところが目についてきて、どうにもいたたまれなくなってくるのです。いっそのこと断ろうと思うのです。この先、うまくやっていけそうもないものですから……

（受けとったことをフィードバックしてみましょう）

フィードバック（1）　お見合いをした相手の人は、最初は悪くないと思ったけれど、つき合ってみると、わがままなところがいたたまれなくて、この先、うまくやっていけそうもないので、いっそのこと断ろうと思っているのですね。

フィードバック（2）　お見合いの相手の人とつき合ってみたら、わがままなところがあって、いたたまれなくなって、やっていけそうもないので、断ろうかと思っているのですね。

フィードバック（3）　お見合いの相手の人にいたたまれなさを感じて、つき合えそうもないので、断ろうと思っているのですね。

フィードバック（4）　相手の人にだんだんいたたまれなくなって、断ろうと思っているのですね。

ワーク2 クライエントの語り

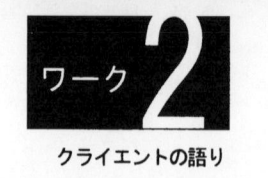

　フィードバック（1）は、クライエントの話の内容をあまり要約しないフィードバックになっていますが、フィードバック（4）はかなり要約され、"いたたまれない"というクライエントの感情が中心となったフィードバックになっています。

　クライエントの話をどの程度要約してフィードバックすればいいかはなかなかむずかしい問題ですが、ひとつの目安はクライエントが訴えたい感情はフィードバックするようにします。例題でいえば"いたたまれない"という感情がそれにあたります。

　その他、どの程度要約してフィードバックすればいいかをきめるもうひとつの目安は、訴えたい感情について、どうしてそういう感情を自分は抱いたのかをクライエントが説明しているところです。クライエントは、自分がそういう感情を抱いたのにはそれなりの"わけ"があるということを、カウンセラーに伝えたい、わかってもらいたいと思っていると考えられるからです。

　「〜だから、〜と感じた」「〜なので、〜で困っている」などのように語られますが、"わけ"の部分をどの程度要約すればよいかは一概にはきめられません。もし、クライエントの話がこみいっていたり、わかりにくかったり、混乱していたり、矛盾していたりして、整理や確認の必要があると思えば、フィードバック（1）のように、あまり要約しない丁寧なフィードバックになるでしょう。また、クライエントとの関係が深まり、共感的な雰囲気ができていれば、フィードバック（4）のような短い表現ですむでしょう。

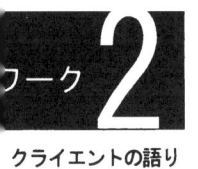

ワーク 2
クライエントの語り

エクササイズ●2-3

エクササイズ2-1、2-2と同じ事例を用いて、フィードバックの練習をしてみましょう。
クライエントが訴えたい感情を受けとめ、その"わけ"も受けとりましたよということを伝えるフィードバックを作って下さい。カウンセラーになったつもりで、フィードバックしてみましょう。

〔事例10〕女性　35才
　今日、学校から連絡があって、おたくのお子さんは4日も学校を休んでいますと叱られたんです。今まで4日も放っておいて、今頃連絡してくるなんて、ひどいと思うんですよ。担任の先生もいいかげんだと思いますよ、まったく。だって、私は仕事に出ていて、こどもが学校を4日も休んでいたなんて気づくわけないんですから。校長先生に注意するよう申し入れようと思っているんですよ。どう思いますか。

〔訴えたい感情〕
_____
_____
_____

〔フィードバック〕
_____
_____
_____
_____

〔事例11〕男性　38才
　こんなふうに申し上げて、わかって頂けるかどうか、わかりませんが……家内が家の中でドテンと坐っているのをみると、ああ、もうおしまいだという気持が沸いてくるんですよ。無神経さと図々しさと、品の悪さと思いやりのなさをいっぺんに感じてしまうんです。もう心がスレ違って何年にもなります。うまく話合いすらもてません。以前は、よくいっしょに遊びもしたし、話合いももっていたのですが。そしてそのときは、ああ、なんていい人といっしょになれたんだと強く感じられていたのに。いっそ、家内が別れようと言ってくれるといいのにと思っているんです。

〔訴えたい感情〕
_____
_____
_____

〔フィードバック〕
_____
_____
_____
_____

ワーク 2
クライエントの語り

エクササイズ●2-3

〔事例12〕女性　22才

　私の前には大きな壁がそびえたっています。私はその壁の前で、立っているだけしかできません。私の力では動かせそうもないんです。……壁って運命みたいなものです。……母は私を自分のために産んだんです。私は、母から、私の欲しいことを何ひとつしてもらった気がしません。でも、そんな母を私は恋しく思っていたんです。でも、母は私をふり向いてはくれませんでした。……でも、私は母を恨んではいけないのです。

〔訴えたい感情〕

_____
_____
_____

〔フィードバック〕

_____
_____
_____

〔事例13〕男性　30才

　姉は24歳のときに結婚したのですが、相手の人がお金を全部自分の遊びのために使ってしまう人で、しかもあちこちで借金してはそのツケが姉に回ってくるので姉は大変な思いをして生活していました。時々こっそりと私にも姉が借りに来ていましたが、何度か少しあげた記憶があります。母はそれでも家に帰って来いとは言わないで励まし続けていました。しかし、それも限界が来て姉は30歳のときに戻ってきたのです。それからは、姉の子ども達と一緒に暮らすことになったのですが、たしか2年位してから姉も蒸発してしまったのです。うわさでは関西にいると聞いていましたが、姉からの音信はまったくありません。

〔訴えたい感情〕

_____
_____
_____

〔フィードバック〕

_____
_____
_____

ワーク 2 クライエントの語り

解説

　事例 12、事例 13 は少し難しかったかもしれません。クライエントの訴えたい感情の焦点がどこにあるのかわかりにくいからです。

　事例 12 の中で、クライエントが"大きな壁"と表現していることはどんなことなのでしょうか。おそらく、恋しく思い、しかし振り向いてくれなかった母に対するどうしようもない切なさ、あきらめきれなさ、恨みたいが恨めない、大きく突き放されてしまっている感じ。しかし、こういうさまざまな思いに真正面からむかい合ったら、息苦しくなってしまう、といったような心の暗礁とでもいうような心境なのではないでしょうか。もしクライエントの心境をそんなふうにとらえることができるとしたら、例えば、次のように別の表現でフィードバックしてもよいでしょう。

・お母さんに対するあなた自身の気持とお母さんのあなたに対する気持との間で、身動きができなくなっているのですね。
・お母さんを恋しく思っているのに、それを受け止めてもらえなくて、つらいのですね。
・お母さんから離れることも、お母さんに近づくこともできなくて、立ち往生している感じなのでしょうね？

　あるいは、もっと単純に
・お母さんにもっとあなたを受け入れてほしいと願っているんですね。

　このようにクライエントが２つの気持を感じている場合、２つの気持の間で揺れ動いているクライエントの気持をカウンセラーは理解できるということもあわせて、クライエントに伝えた方がよりよいでしょう。（※ワーク５の 82 〜 85 ページの葛藤の項を参考にしてください）

　〔事例 13〕はクライエントの〈感情〉は言葉としては語られていません。しかし、お姉さんのことを心配していること、残された子ども達への配慮、お母さんの苦しみなどが表明されているように思えます。

　そこで、例えば解答例のようにフィードバックしてみることができるかもしれません。

◆　　◆　　◆

ワーク2 クライエントの語り

　フィードバックは、クライエントの訴えや話の内容をいかに正確にとらえたかをクライエントに知らせることだけが目的なのではありません。フィードバックの目的は、
「クライエントの話に関心をもち、耳を傾けようとしているカウンセラーという存在を、フィードバックを通してクライエントに伝える」
ことが目的なのです。
　その意味でも、カウンセラーの数だけフィードバックはあるといえます。また、正解はなく、関係の流れにとって適切かどうかがフィードバックの良さの基準となります。フィードバックは、クライエントをカウンセラーの方にひきよせるためのものではなく、クライエントの世界に近づくためのものであることを念頭におき、自分の"把握"や"理解"を柔軟に、謙虚にを変えていくことを忘れないことが大切です。

4　感情の反射

　カウンセリングでは、クライエントの訴えはたいていの場合、感情であり、クライエントの話は、その"感情"についての"わけ"と考えるということを学んできました。そして、"感情"と"わけ"の要約をクライエントにフィードバックすることによって、クライエントは、耳を傾け、理解してもらえているという感じがもてるようになり、ますます自分の感情を語り、解放していけるようになることも分かってきました。。
　フィードバックの〈例題　女性　28才〉の例題のフィードバック（4）は、クライエントの話はほとんど省略され、"いたたまれない"という感情がフィードバックされています。このように、クライエントの用いた表現をそのまま使って、感情中心のフィードバックをすることを、特に〈感情の反射〉とよびます。ちょうど鏡が物体の姿を映し出すように、カウンセラーが受け取ったクライエントの感情の状態を鏡に映し出してクライエント自身に見せるということから、このようによばれています。
　クライエント自身の感情が、〈感情の反射〉によって、端的に、適切にクライエントに返されると、クライエントは、自分の気持をわかってもらえたという体験を一層明瞭にもつことができるので、カウンセリングにとって大へん重要な技術のひとつとされています。〈感情の反射〉について、事例を使ってもう少し練習しておきましょう。クライエントが使っている感情を表した言葉をうまくとり入れて応答をしてみてください。

ワーク 2 クライエントの語り

エクササイズ●2-4

次の事例のクライエントの発言をきいて、どのようなフィードバックをしますか。カウンセラーになったつもりで、〈感情の反射〉のフィードバックを作って下さい。

〔事例14〕女性　40才　主婦
　10年も連れ添ってきた夫が、この2～3年、ギャンブルにのめり込むようになって、いくら言っても、もう元に戻りそうもないんです。この際、離婚しようかと考えているのです。このまま夜も眠れない状態が続いたら、完全にノイローゼになってしまいそうです。子どもはまだ幼稚園ですが、手に職をつけて自立したいと思っているのです。夫にふり回される生活なんてもうこりごりです。
〈感情の反射〉

_____
_____
_____

〔事例15〕男性　21才　会社員
　私は、今の会社に入って3年になるんですが、この頃将来のことを考えると、とても不安になってきたのです。入社してしばらくは夢中で働いてきましたが、仕事の中味や周囲の人たちのこともだんだんわかってくると、毎日のくりかえしが何だかバカらしくなってきて、いっそ"脱サラ"しようかなんて考えてしまうんです。
〈感情の反射〉

_____
_____
_____

〔事例16〕女性　19才　学生
　私がいまいちばん悩んでいるのは、人前に出ると、何も言えないことなんです。顔が赤くなって、言いたいと思うことの100分の1も言えなくなってしまうんです。それで、いろんな機会に出ていってしゃべりたいと思うんですが、さて言わなければならないときになると、気持ばかり焦って、どうしてもうまく言えないんです。ほんとうに、自分で自分に腹が立っちゃうのです。友だちがうまく話しているのをみると、うらやましいやら、ねたましいやらで、そのひとにケンカを吹っかけたくなってしまうのです。
〈感情の反射〉

_____
_____
_____

ワーク 2
クライエントの語り

解説

　参考までに、別冊に解答例をあげてあります。前にも触れたように、フィードバックはカウンセラーごとに異なりますし、ベターなものはあっても正解はありません。あくまで参考例として自分のフィードバックと比べてみて下さい。
　このように自分の感情の状態を、鏡に映すようにして示されたら、どんな感じになるでしょうか。クライエントになったつもりで考えてみてはどうでしょうか。
　おそらく、自分の気持をわかってもらえたという満足感が沸いてくるのではないでしょうか。そうすると、相手に対する安心感と信頼感がもて、もっと話そう、もっとわかってもらおうとするようになるでしょう。
　このほかにも、自己理解が進んだり、感情吟味が進んだりということもありますが、これらはもっとあとのワークで取りあげることにします。

◆　　　◆　　　◆

　これまでは、主としてクライエントが表現している言葉を借りたフィードバックを考えてきました。しかし、場合によっては、もっと思いきって、カウンセラーにキャッチできた感じをカウンセラーの言葉に置きかえてフィードバックしてみるということが必要になってくることがあります。
　クライエントが自分の訴えたい感情に気づいていなかったり、目をそむけたり、モヤモヤしていてこれが自分の気持だと言語化できないこともあります。また、いくつもの感情がいりまじっていて焦点がきまらないこともあります。
　このような場合にカウンセラーが、焦点づけたり、明確にすることを手伝ったりする必要があるわけです。こうしたカウンセラーの働きかけや技術を〈言い換え〉や〈明確化〉と呼んでいます。
　この〈言い換え〉については、ワーク5で改めて考えたり、練習することになっています。
　このワークでは、クライエントの表現している言葉に添ったフィードバックということを練習したわけです。
　クライエントが中心的に表現している訴えは何かにこだわってみましょう。アドバイスや解決策を、クライエントもほしがり、カウンセラーも与えたくなるかもしれません。しかし、カウンセリングの基本に忠実に試みて下さい。カウンセリングの基本とは、クライエントの訴えにまず、こだわりつづけることです。

コラム2

ラポール(Rapport)
　カウンセリングの場面において、カウンセラーとクライエントの間に暖かな親和的な関係が生じ、共感や相互理解、相互信頼、合意が存在するような状態または関係をいう。
　ラポールをつくることができるかどうかは、カウンセリングを効果的に進めていくうえに重要な意味をもつ。カウンセラーのクライエントに対する愛情や人間性の尊重が基盤となって、ラポールはつくられる。

コラム3

来談者中心療法(Client-centerd Therapy)
　アメリカの心理学者ロジャース(C.R.Rogers)によって創始されたカウンセリングの代表的立場の一つ。
　クライエントは、自分自身で自発的に問題を発見し、自分自身の言葉で語っていくことによって、問題の解決にむかってクライエント自身が動き出していくという考え方が中心になっている。
　クライエントを外側から観察、分析、判断し、その結果に基づいて解決や指示を与えるという伝統的な診断・治療の過程を排除し、受容的、許容的な関係によって、クライエントの体験過程をクライエントの内面から理解していこうとする。カウンセラーは、クライエントが自分の力で自分の問題を明確にし、決断、実行していけるように、あるいは克服していけるように、援助する。

精神分析療法(Psychoanalytic Therapy)
　フロイト(S.Freud)が創始した治療法で、正統派精神分析は、主にクライエントの自由連想や夢を治療者が解釈していくことによって治療を進めていく。
　自由連想によって頭に浮かんでくることや夢には、無意識の中に抑圧されている問題があらわれやすく、あらわれてくるものやあらわれ方は、抑圧や抵抗の解釈のもとにある。
　治療の目標は、無意識を意識化し、クライエントがそれを受け入れられるようにしていくことである。

ワーク3 クライエントの話の背景

1. 話すことの意味
2. 夢、願い、期待
   　エクササイズ●3-1
3. 危機と悩み
   　エクササイズ●3-2

　カウンセリングでは、クライエントが話をするということを最も大切にします。クライエントが自分の心の世界をあるがままに、自由に語ることを通して、自分をみつめ、自分を知り、自分を吟味し、自分で問題解決の道を見つけだすことができるようになることがカウンセリングの目標です。カウンセラーの役割は、このようなクライエントの自立への過程を援助することです。もっと具体的に表現すれば、カウンセラーの役割は、クライエントの自由な自己表現をひき出すことだといえます。

　そこで、話をするということの意味についてもう少し基本に帰って、考えてみましょう。人はなぜ自分のことを話すのだろうか、自分のことを話すことによって何が得られるのだろうか、話をするということにはどんな働きがあるのだろうか、これらのことを考えてみたいと思います。

ワーク 3

クライエントの話
の背景

1．話すことの意味

　あいさつをする、世間話をする、議論をするなど、私たちは社交的な目的、問題解決の目的でさまざまな場や機会で話をし、話をきくわけですが、ここでは、自分自身のことを話すということの意味について考えてみます。

　自分自身のことを話すということには、次のような4つの働き、機能があると考えられます。
①　カタルシスを得る
②　自分のことをわかってもらう
③　自分のことがわかる
④　感情を再体験する（その時の感情が戻ってくる）

　これらの4つは、いずれもからまりあっています。話し手の意識としては、どれかひとつのつもりで話をするかもしれませんが、軽重のちがいはあっても、これらの4つのそれぞれが満たされています。例えば、自分のことをわかってもらうためには、自分の伝えたいことを明確にしなければなりません。伝えたいことを明確にしようとすれば、自分の内面を反すうしたり、考えをまとめたりすることになります。それは、自分のことがわかることにつながっていきます。また、過去の経験を語ることによって、その時の辛さや喜びなどの感情が再起され、それらの感情を吐露することによって、カタルシスが得られることになります。

　ですから、カウンセリングでは、クライエントが話すということの方に意味があると考えるわけです。知識や情報が不足しているために問題解決が困難になっている場合のいわゆる"相談"では相談をうける側が知識や情報の提供をふくめて、より多く話す場合が多いと思われますが、カウンセリングでは、むしろクライエントが話す量の方が格段と多くなりますし、またそうでなければカウンセリングの意味がありません。

　自分自身のことを話すということには、上に述べたような意味があるのですが、私たちは、どちらかというと、自分自身のことを話すということにあまりなれていません。というのは、自分のことを話したりすることは、慎みがない、場合によっては、意気地がない、愚痴っぽいことだという考え方が一般的にあるからです。

　そこで、この考え方について検討してみましょう。

2．夢、願い、期待

　クライエントは心配や不安、不満に満ちた心境でいます。心はそれで一杯だといえます。そのような心境を話すと慎みがない、めめしいどころか、グチっぽいということにされてしまって、嫌われてしまいます。私たちの住む社会の一般的な価値観の中に、グチについて次のような考え方があるからです。
①　男のグチはだらしがない　女のグチはキリがない
②　グチや不満からは何も生まれない
③　グチを言うより、前向きにさっさと何かをした方がいい
④　グチや不満の多い人は、がまんのない、わがままな人が多い
⑤　グチや不満は現実的に対処していく力がなくて生ずるものだから、力をつける方が先決だ
⑥　グチや不満をやさしく聞いてあげると、当人を甘やかすことになる
⑦　グチや不満を聞いてあげると、そういう気持をますますあおってしまう
⑧　グチや不満は当人の立場を正当化しようとするものだから、聞いてあげると、賛成していると思われる

ワーク3
クライエントの話の背景

　グチや不満についてこのような考え方をもっていると、グチや不満はいってはいけない、いうべきではないという思い込みに発展していきます。しかし、いってはいけないと自制しても、いいたい気持ちまで自制することはできませんから、いいたい気持ちは溜まる一方です。そして何かのキッカケでワッと溢れ出てしまいます。コントロールが全くきかなくなったこのようなグチや不満は、聞く側からすれば全くいやなものです。そこで、上記のようなグチや不満についての考え方がいっそう強化されるという悪循環が始まります。

　しかし、グチや不満は、非生産的な、無意味なものでしょうか。

　私たちは大切なものを失った時に悲しみが出てくるように、願ったことが思い通りにいかなかったときに、不満やグチが出てくるのだといえます。このように考えると、不満やグチは、クライエントが夢や願望や期待をもって進んでいこうとすることが妨げられていることの証拠なのだといえます。

　私たちはみな、自分なりの夢や願望や期待をもって生きています。そして、それらがいつも達成されるとは限りません。むしろ障害によって妨げられることの方が多いといえましょう。ですから、好むと好まざるとにかかわらず、また良い悪いは別として、不満やグチは私たちにつきまとっているわけです。

　特にクライエントは、挫折感のために不満やグチで一杯になっていて、それにうちひしがれ、自力で回復できないので相談にきます。ところが不満やグチに対して、聞く側では、さきほどあげた思い込みのために、ついお説教をしたくなってしまいます。しかし、不満やグチで一杯になっているところに、カウンセラーがいくらお説教を注ぎこんでも溢れ出してしまって、クライエントの中に入っていきません。かりに不満やグチが非生産的で、無意味なものだとしても、それらに対してお説教で応ずることは、もっと非生産的で、無意味だといえるのではないでしょうか。

　不満やグチにどう対応したらよいでしょうか。それは、前にも触れたように、不満やグチはクライエントの夢、願望、期待が阻まれていることの証拠なのだという考え方に立ち、不満やグチの背景にある夢や願望や期待に耳を傾けるようにすることです。

　このことは、不満やグチに限りません。願ったことが思い通りにいかなかった時に、悲しみ、恨み、怒り、悔しさ、空しさが出てきます。また逆に、思い通りにいった時には、喜びや楽しさが溢れてきます。このように、感情の背景には、言いかえれば、クライエントの訴えの背景には、夢、計画、期待が織りこまれているのです。

　不満やグチは、クライエントの生きる姿の裏返しなのです。不満やグチをこのような観点からとらえ、背景にある生き方に敏感に反応してゆくことが、カウンセラーの役割でもあります。

◆　　◆　　◆

　一般に〈悲しみ〉は〈喪失〉から生じます。そして、私たちの人生はたくさんの喪失で満ち溢れているのです。

　例えば「幼稚園」や「小学校」に行くことを想定してみましょう。そこでは、初めて本格的な集団生活に入ることになりますが、それまでの温かく配慮に満ちた、わがままがきく世界から突然に、自分勝手な、自分の邪魔をする子ども達が大勢いる世界。気分が乗らなくとも従わなければならないような強制される世界、序列とひいきのある世界に入っていくことを意味します。なんと言ってもそこは「家庭」とは異なった世界ではあります。

　つまり、それまでの相当に自由な世界を喪失することになりますから、中にはスムースに入り込んでいくことができない子どもも出てきます。

ワーク 3
クライエントの話の背景

　このように今まで暮らしてきた世界から別の原理が支配する世界に行くことが求められる場合や、夢や希望を見失うような出来事に遭遇することや、はたまた死別という形で親や人々を失うこともあります。

　失恋、成績の低下、転居、失業、病気、事故、など数え切れないくらいに私たちの人生は喪失とそれに伴う〈悲しみ〉にあふれているのです。このような「喪失」と「悲しみ」に対して私たちはできるだけ早く悲しみを乗り越えて欲しい。ふさぎこんでいるとますます辛くなるのでできるだけ早く気持を切り替えるようにすべきだ。出来るだけ早く新しい人生を切り開いていくべきだ。というように「早く」「軽く」「短期に」「小さく」と考えます。

　精神衛生の研究では「十分に」「しっかりと」悲しむことのほうがより心の回復には貢献すると指摘されています。つまり「悲しみ」は「価値の喪失」「人生の転換」「意味の喪失」など心の大きな支えを失ったときに生じるものでありますから、簡単に切り替えたり、新しい転換は困難なのです。

　「三年寝太郎」という昔話は「母親を亡くした寝太郎はごろごろと何もしないで寝てばかりで三年を過ごした」とあります。寝太郎の心の中では母親を失った悲しみを癒す時間であったということです。

◆　　　◆　　　◆

ワーク3 クライエントの話の背景

エクササイズ●3-1

次の発言の背景には、どんな願い、望み、期待、夢がひめられているのでしょうか。思いつくものを書き出して下さい。

(1) 娘があんなにあっさりと外国に出かけるなんて、思いもしませんでした。まだまだ子どもだと思っていたのに、いつの間に……

(2) 先生に当てられて答えられなかったんです。こんなこと初めてです。みんなが見ているところで、ずい分長く立たされていたと思います。もう明日から学校へなんか行きたくありません。恥ずかしくて……

(3) 彼があんなにひどい人だったなんて、ほんとうに信じられません。私には夢見るようなこと聞かせていて、裏で舌を出していたのです。

(4) 父が酒を飲んでおそく帰ってきては母を殴りつけて、もう毎日のように母の悲鳴を聞かない日はありませんでした。母がかわいそうで……

(5) もう歩くことも、走ることも、何もできません。もう、おしまいです。自分ひとりではどこにもいけないのですから。車椅子なんていりません。死んでしまいたいです…

(6) 姉は昔から信仰心の篤い人でしたが、外国人と結婚してその国の宗教に入ってしまいました。それはそれは厳格な宗教的決まりがあって毎日その儀式で大変なのです。なんだかかわいそうで…

ワーク 3
クライエントの話の背景

解説

　話の背景にこめられている、どんな願い、望み、期待などが読みとれましたか。参考に解答例をあげますので自分の解答と比べてみてください。
　クライエントが訴えている不満、苦しみなどの背景に目を向けることができた時、私たちはクライエントの前進しようという気持ちも同時に汲みとることができるようになります。
　事例の中では「不満」「驚き」「絶望」などが表明されていますが、このような感情の背景に「期待」「願い」「価値」などが含まれていることが分かります。
　ですから、私たちは「悲しみ」⇒「願い」⇒「価値」を受け止めていくことが求められていると思います。
　多くの場合に「悲しみ」は「喪失」から生じ、喪失は価値との関係でとらえることができるということになります。
　ですから「感情」を受け止めるということは、その人の「価値」を理解することであるわけです。

◆　　◆　　◆

ワーク3 クライエントの話の背景

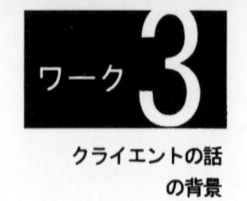

3．危機と悩み

　グチや不満は、計画、期待、夢などを抱いて前に進もうとしているときに、それらが障害によって妨げられてたり、喪失に直面したりしていることの証拠なのだということを学びました。そのような観点から考えてみると、計画、期待、夢が多ければ多いほど、障害もそれだけたくさん生じてくるともいえましょう。私たちの人生は、夢と障害とグチでちりばめられているといえるかもしれません。
　私たちは、障害にであうと、危機感を持ち、悩みを感じます。その意味では、私たちは、危機や悩みと隣り合わせに生きているともいえます。
　そこで、カウンセラーとしての自己理解を深めることも含めて、自分のこれまでの人生を、危機と悩みの観点からふりかえってみましょう。

ワーク 3
クライエントの話の背景

エクササイズ●3-2

このエクササイズでは、あなたのこれまでの人生をふりかえって、"危機と悩みの自分史"を作ってみましょう。

〔練習〕

まず、あなた自身の自分史の作業に入る前に、Aさんの例を使って、危機と悩みの自分史づくりの練習をしてみましょう。

Aさんの出来事の右に、別表を使って「出来事のカテゴリー」「心理的意味のカテゴリー」欄の空欄を埋めて下さい。

	Aさんの自分史	出来事のカテゴリー	心理的意味のカテゴリー
誕生	昭和40年7月13日三男で期待されず	6　　14	10　　9
小1	母が仕事につく（心細さ）	6　　9	4　　13　　9
小2	おもらし2度、からかわれる		
小3	かけっこで、一等賞		
小6	転校（心細さ）		
中1	片思いの失恋		
中3	入院・入試への焦り		
高1	成績ふるわず		
高2	クラブでの挫折・父の死		
高3	進路で母親ともめる		
浪人	姉の自殺未遂		
大1	アルバイト、姉の家出		
大2	洗礼をうける		
大3	恋愛		
大4	就職への不安		
24才	母の再婚		
25才	姉の結婚		
28才	結婚問題、親の反対		
↓現在			

別表

出来事のカテゴリー	心理的意味のカテゴリー
1. 将来への不安	1. 支配・服従
2. 成績（学業業績など）	2. 独立（ひとりになること）
3. 交友関係（同僚関係）	3. 安全・安定
4. 恋愛関係	4. 地位・役割
5. 教師との関係（上司関係）	5. 尊敬・評価
6. 親との関係	6. 自由（経済的その他）
7. 夫婦関係	7. 冒険
8. 子どもとの関係	8. 達成感
9. 生計・経済	9. 依存
10. 身体・健康	10. 愛情
11. 職業	11. 意味
12. 法律	12. 性
13. 倫理・道徳	13. 承認・支持
14. きょうだい関係	14. 健康
15. 性格	15. その他
16. その他	

ワーク3 クライエントの話の背景

エクササイズ●3-2

〔課題〕
(1) あなた自身のこれまでの人生をふりかえり、"自分にとって危機的な体験をした時期"あるいは"悩んでいた時期"を下の縦軸上に記し、それぞれに簡単な説明（出来事）を付して下さい。
(2) 次に、それぞれの時期についての説明（出来事）が別表「出来事のカテゴリー」の中のどの項目にあてはまるかを考え、あてはまる項目番号を該当する時期の右に記入して下さい。（2つ以上でもかまいません）
(3) それぞれの出来事について、それが自分にとってどんな心理的な意味があったかを考えてみます。別表「心理的意味のカテゴリー」の中からあてはまる項目を選び、「出来事のカテゴリー」の番号の右に、その心理的意味のカテゴリーの番号を記入して下さい。（2つ以上でもかまいません）

出来事のカテゴリー　心理的意味のカテゴリー

誕生

↓

ワーク3 クライエントの話の背景

エクササイズ●3-2

(4) これらの3つの作業を通して、自分の人生の危機についてふりかえって下さい。どんなことに気づきましたか。下に簡単にメモして下さい。

ワーク3 クライエントの話の背景

解説

　夢や計画や期待をもたないで生きている人はいないでしょうし、また、それらなしでは生きられないでしょう。つまり、私たちは危機や悩みから逃れることはできないわけです。とすると、私たちが取組まなくてはならないことは、危機や悩みをなくそうとするより、それらをどうのりこえていくかということではないでしょうか。

　危機や悩みの自分史を通して、これまでに出あった危機や悩みを自分はどのようにのりこえたり、処理してきたかをふりかえってみることは、今、危機と悩みのただ中にいるクライエントにどう関わるかについて、様々な示唆を与えてくれるでしょう。

◆　　　◆　　　◆

　危機には、成熟危機と状況危機とがあります。

　成熟危機とは、成長過程でだれもが必然的に通る危機です。例えば、入学、卒業、初潮、性交、妊娠、出産、就職、退職、身体的老化などです。

　状況危機とは、予期せずに訪れる危機です。例えば、病気、死別、離婚、倒産、事故、転勤（異動）などです。

　それらの危機に出会って、今までのやり方やライフスタイルが通用しなくなり、新しい行動の仕方、生き方が求められるとき、私たちは喪失的な感情や未知への不安感を体験します。

　クライエントがこのような喪失的な感情や不安感を体験しているとき、カウンセラーとして、どのようにクライエントに接することが、クライエントの援助になるのでしょうか。

```
       喪失的感情
        ↓     ↓
  悲しむことの援助 ⇄ 早く立ち直らせよ
                   うとしすぎない
        ↓     ↓
    充分に悲しむ ⇄ 生き方を考える
        ↓     ↓
       成長・成熟
```

　私たちは、喪失感情や未知への不安感の中にいる人に接すると早く立直り、新しい人生を歩み始めてほしいと願うあまり、元気づけたり、慰めたり、アドバイスをしたりしがちです。そういう場合、励まされ、慰められて、ふんぎりをつけたり、気をとり直したりすることができたとしても、悲しみや不安という感情体験そのものはなくなっていません。ですから、ふんぎりや気のとり直しは、不自然であったり、歪んだものであったりすることがあります。例えば、意地っ張りになったり、頑固になったり、攻撃的になったりしてしまいがちです。

　感情体験は、排除しようとするよりも、うけとめ、味わおうとする方がよいのです。しかし悲しみや不安の感情を直視することは、大へん辛く、苦しいことです。カウンセラーは、その辛さ、苦しさをクライエントと分かち合うことを通してクライエントを支えます。早く立ち直らせようとしすぎることは、クライエントが自分の力で危機をのりこえ、強いパーソナリティを育てるうえでの妨げとなることが多いのです。このことからも、カウンセリングが何故感情面を重視するかがわかると思います。

　心理的な危機の状態は、生きるうえでの計画、期待、夢などが何らかの障害によって妨げられ、そこから脱出するには、新しい生き方、新しいライフ・スタイルをみつけなければならない状態です。そして、ひとは誰しも、計画、期待、夢をもって生きているのですから、私たちの人生は、危機と隣り合わせということができるでしょう。

　クライエントは、そのような心理的な危機の状態の中で悩んでいる人です。クライエントの心配、不安、不満で一杯になった話、えてしてグチと片づけられかねない話の背後には、計画、期待、夢が隠されており、新しい生き方を求める苦悩がひそんでいます。カウンセラーには、こうしたクライエントの話の背景に耳を傾ける敏感さが求められます。

コラム 4

ジクムンド・フロイト（Sigmund Freud）(1856〜1939)

ウィーンの精神科医。精神分析学の創始者。

フロイトは、催眠法を用いたヒステリー症の研究中、当時ウィーンの開業医 F・ブロイエルが治療していたアンナの症例をきっかけに、ヒステリーの症状は抑圧された記憶から生ずると考えた。忘れていて、日常は意識に出てこない、思い出したくない事柄は、隠され、つまり、抑圧されて無意識の中に入れられている。それを催眠という方法で取り出し、意識化することによって、アンナのヒステリー症状は消失した。

フロイトは、意識にのぼってこないもの、閉じこめられているものを称して、無意識と呼び、独自のパーソナリティ理論を構築し、自由連想法、夢分析など、精神分析の体系をつくりあげた。

カール・ロジャース(Carl R.Rogers) (1902〜1987)

アメリカの心理学者。来談者中心療法やエンカウンター・グループの創始者。

ロジャースは、はじめ、精神分析の影響のもとに治療を行っていたが、成功したと思った事例が再び同じような問題に陥り、権威者の教えに幻滅した経験と、乱暴な息子をもつ母親との面接から、その人の問題の核心、その人を傷つけているのは何か、どの方向へ進むべきかを知っているのはクライエント自身であるということを感じ始めた。

そして、できるだけ権威的でなく、クライエント自身が自発的に問題を発見し、解決していけるように援助していくというクライエント中心の態度を強調するようになり、この独創的な考えにもとづく来談者中心療法が発展していくことになる。

コラム 5

自己概念(Self Concept)

自己像(self-image)ともいう。自分の身体的、性格的、能力的特徴、社会的地位などを自分自身がどのように感じ、考えているか、また、他人との関係の中で自分自身をどう思うかというように、自分自身に関して抱いているイメージをいう。

ひとの行動を理解しようとするときには、その人がどのような自己概念をもっているかを知る必要があり、一方、自己概念は、ひととの関係（相互作用）によって明確化される。

クライエントの自己概念は矛盾にみちており、現実の自分と理想の自分との間に大きなギャップがあり、自分自身を受け入れることに困難を感じていることが多い。

ワーク4 クライエントの心理

1. クライエントの気持
    エクササイズ●4－1
2. クライエントの準拠枠
    (1) 初めはこちらの準拠枠で、先へ行くほど相手の準拠枠で
    (2) 同化と調整
    エクササイズ●4－2
    (3) 人が見、行動する世界
    エクササイズ●4－3
    エクササイズ●4－4
3. クライエントの質問
    エクササイズ●4－5
4. カウンセラーの質問
    エクササイズ●4－6

　ワーク2、ワーク3を通して、クライエントの話をどう聞くかということを検討してきました。ワーク4では、クライエントの心の世界について考えてみることにします。というのは、クライエントの話はクライエントの心の世界の表現と考えることができます。
　私たちは自分なりの心の世界をどのようにして持つようになるのでしょうか。たとえばワーク3の「危機と悩みの自分史」を思い返してみましょう。さまざまな出来事があったでしょうが、それぞれの出来事を自分がどのように受けとめ、のりこえたでしょうか。出来事によっては、それ以後の自分のものの見方や感じ方に影響を与えるような出来事もあったことでしょう。
　このように、私たちは、誕生してからのさまざまな経験、特に対人接触の経験から自分なりの心の世界を作りあげてきます。しかも、おなじ出来事でも人によって受けとり方がちがうことからもわかるように、この心の世界は人によって異なる、その人独自の世界です。
　そこで、ワーク4では、クライエントの心の世界の独自性について考え、相手の立場に立つということがどういうことなのかを考え直してみることにします。

　クライエントは、悩みや問題、心配ごとをもってカウンセラーのもとを訪れますが、そのときどんな気持で相談しにくるのでしょうか。その時のクライエントの気持について考えてみましょう。

1　クライエントの気持

　クライエントは、悩みや問題、心配ごとをもってカウンセラーのもとを訪れますが、その時どんな気持で相談にくるのでしょうか。その時のクライエントの気持について考えてみましょう。

ワーク 4

クライエントの心理

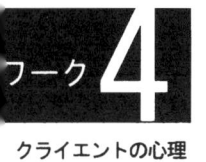

エクササイズ●4-1

　もし、あなたがクライエントとしてカウンセラーと話をするとしたら、どんな気持になるでしょうか。
　以下の設問の順に、思い浮かぶことをメモして下さい。

(1) カウンセラーと話をすることについて、どんなことが気がかりになるでしょうか。

_____
_____
_____

(2) どんなことをカウンセラーに期待するでしょうか。

_____
_____
_____

(3) どんな風にカウンセラーの前で振舞いたいでしょうか。

_____
_____
_____

(4) どんな点で、いいカウンセラーかいやなカウンセラーかを判断しますか。

_____
_____
_____

(5) カウンセラーの態度として、どんな態度を期待しますか。

_____
_____
_____

ワーク 4

クライエントの心理

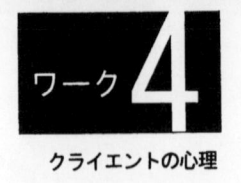

解説

実際にカウンセラーのところへ相談に行った人が
どんな気持で行ったかを尋ねた調査

——"行くのをためらった理由" あるカウンセリングセンターの場合——

- 相談所にいく人間は一般の学生と隔離された学生であるというイメージがあったから、他人に見られるのは少しいやだった
- できれば自力でなんとかしたい気持があった
- 相談所に行くことで自分が「普通の人達」隊伍から脱落するような気持があった
- ざんげ室を連想させる
- 「ネクラ」な人間を本当に受け入れてくれるのだろうかと思った
- 触れられたくない所を追求されるのが恐ろしかった
- 相談の内容がこれといって明確なものでなかったので、それでも受け入れてくれるのかなと思った
- 秘密や相談事を口にするのにためらいがあった
- 何となく自分なんかが相談してもいいのかなと思った
- 相談してもどうにもならないというおそれがあった
- 真剣に聞いてくれるかどうか、カウンセラーの性格に左右されるのではないか、たいした問題でもないのに
- 初めての時（所）は何でも多少ためらう
- 何となく気がひけてしまう
- 人（友達）に見られているのではないかと思った
- カウンセリングを受けているということに後ろめたさを感じている
- もともと、人に相談するのはあまりよくないことだと思っていた
- 自分の悩みをひとりで処理できないことが恥しい気持と大げさになるような気がした
- いろいろと厳しいことを言われたりするのでは・・と思った
- どんな人が相談にのってくれるか不安だった
- 不安と期待が半分ずつあった

◆　　　◆　　　◆

©1986　日精研心理臨床センター（禁複製）

ワーク4
クライエントの心理

　カウンセラーのもとを訪れるときのクライエントの気持を想像してみると、おそらく、クライエントは、① 不満 ② 不安と恐れ ③ 期待 の3つの心をもってカウンセラーのところへ相談にくるのではないでしょうか。そして、それらの3つの心は、自分自身とカウンセラーとに向けられているようです。

(1) 不満
- 自分自身に対して
　何らかの理由で、うまく行動できなかったり、感情が乱されていたりすることによって、自分自身に当惑を感じ、うまく統制できない自分自身に不満を抱いている。
- 他者（周囲の人）に対して
　自分を混乱させたり、苦しめたりする他者に対して不満を抱き、また、自分に対して援助の手を差しのべてくれないことで、周囲の人に対して不満を抱いている。

(2) 不安と恐れ
- 自分自身に対して
　うまくやれない自分がカウンセラーによってもっと混乱させられ、もっとだめになるのではないか、これまでも失敗してきたのに、果たしてうまくやっていかれるようになれるのだろうか。
- カウンセラーに対して
　（イ）カウンセラーはどんなことをしてくれるのだろうか。失敗してきた自分が叱られたり、冷やかされたり、馬鹿にされたりするのではないだろうか
　（ロ）この人も、今までの人たちと同じように自分を扱うのだろうか
　（ハ）やっぱり自分のことはすっかり話さなければいけないのだろうか
　（ニ）何か見透かされたり、厳しいことを言われたり、眺められたりするのではないだろうか
　（ホ）偉そうに、したり顔で、説教するのではないだろうか
　（ヘ）自分の味方になってくれるのだろうか

(3) 期待
- 自分自身に対して
　（イ）さし当りカウンセリングを受けるけれど、いずれ早く自分でうまくやれるようになりたい
　（ロ）自尊心だけは守りたい
　（ハ）ひどい扱いをうけたら、自分はそこから離れるだろう
- カウンセラーに対して
　（イ）自分をやさしく、丁寧に扱って欲しい
　（ロ）混乱と苦しみから脱出する手助けをして欲しい
　（ハ）支えと慰めが欲しい
　（ニ）話をちゃんと聞いて欲しい
　（ホ）自分を裏切らないで欲しい
　（ヘ）何か助けになることを言って欲しい

ワーク4
クライエントの心理

　クライエントは、これまでの生活の中で、あまりいい人間関係の体験をしてこなかったか、今回抱えている問題はその関係の中では混乱を招くと考えているのでしょう。ですから、苦い目にあわないよう、多少身構えて相談にやってくるとしても、それは無理からぬことです。

　そして、同時に、今までとは違った人間関係を求め、期待してやってくるということも忘れてはなりません。にもかかわらず、やってきてみると、ここにも同じような人がいて、以前と同じ目に合うとしたら、どんな気持になるでしょうか。人間不信や対人不安はますます強まっていくでしょう。

　クライエントは他のところではうまくいかなかったからここへきたのだということをカウンセラーは肝に銘じておかなくてはなりません。そして、クライエントは、今度こそこの新しい関係の中で「自分を取り戻す」ことを求めているのだということを忘れてはなりません。

　混乱させられ、おどかされ、だまされ、あしらわれ、抑圧されてきて、それでもなお希望をつなごうとしている人に対してどのように接するかを考えることが、カウンセリングの原点なのだと思います。

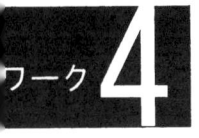

2 クライエントの準拠枠

　準拠枠とは、感じ方、考え方、価値観、態度、行動を評価、決定する場合に、照合したり、拠りどころにしたりする個人の内的な枠組をいいます。それは個人の主観的な内的世界といいかえることもでき、その人の過去の経験の中から形づくられていくものです。

　人は誰しも自分の準拠枠に立って相手を見、評価しているのですが、私たちがよく口にする「相手の立場に立つ」ということは、自分の準拠枠から離れて、相手の準拠枠に立つということを意味しています。

　相手の準拠枠に立つということは、例えば"この人にとっては、このことはこういう意味をもっているのだなあ"とか、"この人にしてみれば、このことがこう感じられるのだなあ"というように、相手がおかれている状況を、あたかも相手が見、感じ、考えているように自分も見、感じ、考えられるということです。

　では、準拠枠の考え方を用いて、相手の心の世界に近づくということを考えてみましょう。

(1) 初めはこちらの準拠枠で、先へ行くほど相手の準拠枠で

「私は、一生、結婚できないように思います」

　これは18才の女性のクライエントの発言です。なぜ、この人は、このようなことを、こんな風にいうのでしょうか。この発言を聞くと、例えば、次のようなことが思い浮かびます。

　　大失恋でもしたのだろうか
　　不倫の恋でもしたのだろうか
　　身体的な障害でもあるのだろうか
　　過去に、何か事件（例　レイプ）でもあるのだろうか
　　家族に結婚を反対されているのだろうか

　このような推測や判断をする際に働いているものが、聞き手の準拠枠です。

　ところで、このクライエントの発言の続きを、その後の、話の展開の順を追って聞いてみましょう。

1　私は、一生、結婚できないように思います

2　私は、自分自身のことをどう思っていいのか、わからないのです。

3　一方で、もうどうでもいいやという気持になります。

4　自分で自分のことを、汚らしいものに感じてしまうんです

5　母はいつも、さげすんだ、汚わらしいものを見るような目で私を見ていたんです。

6　じつは、小さい頃から、いつも、きれい好きで、仕草も愛らしい妹と比べられて…

ワーク4
クライエントの心理

　つまり、このクライエントは、小さい頃から、事ごとに妹と比べられ、母親から見下げられ、自分でも自分を汚らしい、可愛げのない、だめな人間だと思い始め、もうどうでもいいや、それならいっそ、本当にそういう人間になってやれというような気持になってきて、こんな自分では結婚なんてできないだろうと考えているということのようです。

　クライエント発言の1を聞いたあたりでは、なぜクライエントがそう思うのか、そのことをどんな風に思っているのかなど、ほとんどわかりません。そこで、さきに例としてあげたようなさまざまな推測や判断をしつつ、ともかく先を聞いてみようということになります。このような過程では、カウンセラーは自分の準拠枠に立って話を追っていくよりほかに仕方がありません。しかし、話を聞いていくうちに、"おや、そうなのか"とか、"あっ、そうだったのか"などというように、話の理解が変り、深まっていきます。この過程は、自分の準拠枠から次第に離れ、クライエントの準拠枠に近づいていく過程です。

　もうひとつ、例をあげて考えてみましょう。
　次は、26才の女性のクライエントの発言です。

　　私は、一生、結婚できないように思います。

2　私は、自分自身のことをどう思っていいのか、わからないのです。

3　一方で、もうどうでもいいやという気持になります。

4　家には、本当に他人ばかりが暮しているんですから。

5　父も母も養子夫婦ですから、覚悟して結婚したのだと思いますけれど、私は望むと望まざるとにかかわらず、ひとり娘なんです。

6　どうせ私が父と母の面倒をみなければいけないんです。こんな家に誰が来てくれますか、私でさえいやな家なのに。結婚なんて、もう考えないようにしているんです。

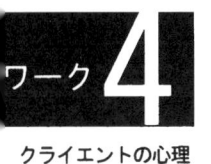

この例は、発言３までは前の例と同じですが、発言４から、全くちがった出来事、事情の話に展開しています。同じような言葉で始まり、同じような結論に到っていても、この２人のクライエントの世界は全くちがったものであることがわかります。

カウンセラーが自分の準拠枠に固執して、相手の話のひとことで総てがわかったように思い込んでしまって、例えば、発言３のあたりでクライエントに同情したり、励ましたり、助言したりしたら、どうなるでしょうか。おそらく、同情、激励、助言はピントはずれのものになり、クライエントの心はカウンセラーから離れ、わかってもらえそうもない感じを抱いて、口をつぐんでしまうでしょう。カウンセラーは、自分の準拠枠で話を聞き、クライエントの話がわかったつもりになり、自分の準拠枠にたって同情、励まし、助言をしたことになるわけです。

クライエントの話を聞くときは、初めのうちは自分の準拠枠で聞きますが、先に行くほど、クライエントの準拠枠で聞くようにします。自分の準拠枠から離れ、次第に相手の準拠枠に近づく過程は、どのように進むのでしょうか。次に、そのことを考えてみましょう。

(2) 同化と調節

前の項のクライエントの発言の展開の例で、発言をステップごとに聞いていくと、聞き手の心の中に次のようなことが起るでしょう。

"この人の言っていることはこういうことかな""多分、そうだろう"というように、ある想定を作ったり、あてはめたりするでしょう。また、"あっ、やっぱりそうだ"と思うときもあるでしょうが、"あれ、そうだったのか、じゃ、こういうことかな"というように、以前の想定を修正したり、変更し、別の想定を立てたりするかもしれません。

相手の準拠枠に近づく努力の中で、想定を作ったり、あてはめたりすることを〈同化〉といい、あてはめた想定を変更したり、修正したりすることを〈調節〉といいます。同化や調節を繰り返しながら、次第に、自分の準拠枠から離れ、相手の準拠枠に近づいていきます。

次のエクササイズで、この同化と調節の感じをつかんでみましょう。

ワーク4

クライエントの心理

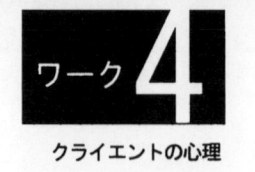

エクササイズ●4-2

　次のページ(57)に2つの物体の写真がのっています。それらはそれぞれ、異なる物体です。それぞれの物体は何に見えますか。何に見えるかを、右側のメモ欄に記入して下さい。また、どの部分のためにそう見えたかも付記して下さい。

　その作業がすんだら次のページ(58)に進んで下さい。このページにも2つの物体の写真がのっています。Ａ-②は前のページ(57)のＡ-①と同じ物体です。Ｂ-②はＢ-①と同じ物体です。Ａ-②、Ｂ-②は、それぞれ何に見えますか、何に見えたか、なぜそう見えたか、前のページ(57)の見方とのちがいなどについて、右側のメモ欄に記入して下さい。
　同じように、つぎつぎにページを追い、最後のページ(60)まで進んで下さい。
　最後のページまで進んだら、今までのメモをふりかえり、気づいたことをメモして下さい。1ページ目(57)から4ページ目(60)に到る過程で行なわれたことが同化と調節の過程です。どのようなことに気づきましたか。

ワーク 4
クライエントの心理

エクササイズ●4-2

A-①

メモ
_____
_____
_____
_____
_____
_____
_____

B-①

メモ
_____
_____
_____
_____
_____
_____
_____

©1986　日精研心理臨床センター（禁複製）

ワーク4

クライエントの心理

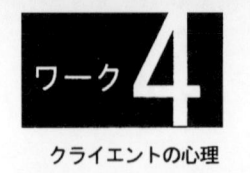

エクササイズ●4-2

A-②

メモ
_____
_____
_____
_____
_____
_____
_____

B-②

メモ
_____
_____
_____
_____
_____
_____
_____

©1986　日精研心理臨床センター（禁複製）

ワーク4

クライエントの心理

エクササイズ●4-2

A-③

メモ
_____
_____
_____
_____
_____
_____
_____

B-③

メモ
_____
_____
_____
_____
_____
_____
_____

©1986　日精研心理臨床センター（禁複製）

ワーク4

クライエントの心理

エクササイズ●4-2

A-④

気づいたこと
_____
_____
_____
_____
_____
_____
_____

B-④

気づいたこと
_____
_____
_____
_____
_____
_____
_____

ワーク4
クライエントの心理

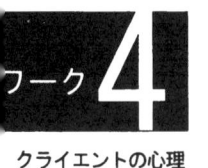

解説

　1ページ目(57)の写真では、ぼんやりとした物体の輪郭しかわかりません。それでも、それが何物であるかをわかろうとするためには、自分の準拠枠をいろいろとあてはめて、推測します。ページを追っていくにつれて、いくらかはっきりした部分もでてきます。すると、それに応じて、以前の見方をあてはめたり、別の新しい見方をあてはめたりして、想像を新たにしていきます。クライエントの話を聞くということも、このような過程の進展と同じことがいえます。

◆　　　◆　　　◆

　クライエントは、不満、不安と恐れ、期待を抱いて、カウンセラーのもとへ相談に訪れます。そういうとき、自分の訴えたいこと、わかってもらいたいこと、表現したいことを、4ページ目(54)の写真のように、はっきりと伝えられることは、まず、ありません。伝えたいことがあっても、どう表現したらいいのかわからない場合や、何を伝えたいのかがクライエント自身にもわからない場合さえあります。

　そういう場合に、カウンセラーは、はじめは自分の準拠枠で近づくよりほかに近づきようがないのですが、クライエントの話の進展に応じて、自分の準拠枠を柔軟に、同化、調節して、相手の準拠枠に近づくことが必要です。カウンセラーが自分の準拠枠に固執したり、押しつけたり、きめつけたりすると、クライエントは、次の写真を出してくれなくなります。

©1986　日精研心理臨床センター（禁複製）

ワーク4
クライエントの心理

(3) 人が見、行動している世界

　ひとりの旅人が、ふきあれる吹雪の荒野を、遠路、馬に乗ってやってきました。遠くに一軒家を見つけ、やれやれとばかりに馬をとばし、一夜の宿を乞いました。
　宿の主人が、旅人に、「あなたはどちらの方角からやって来たのか？」と尋ねました。旅人が、「私はこちらの方角から来たのです」と応えると、主人は、「それでは、湖の上を渡って来たのか」と言いました。
　旅人が、「私はただの雪の野原を来たのだ」と応ずると、主人は、「そこには湖があるのだ。雪でみえなくなっているだけだ」と言いました。
　いわれて旅人は、大へん驚いて、「いやはや、気がつかなかった。薄い氷の上を渡ってでもいたら、大へんなことになっていたなあ」と、肝の冷える思いで言いました。

　さて、旅人は湖の上を通ってきたことになるのでしょうか。それとも、雪の野原を通ってきたことになるのでしょうか。
　答えは2つあることに気づくと思います。
　(1)　宿の主人から見れば、旅人は湖の上を通ってきた。
　(2)　旅人から見れば、ただの雪の野原を通ってきた。
　人は、自分が見ている（知っている）世界について、自分の見え方に従って行動します。もし湖のあることを知っていたら、旅人は、遠回りしたかもしれません。彼が湖の上を渡ったのは、勇気があるからではなくて、彼の見ている（知っている）世界には、湖は存在しなかったからなのです。
　つまり、旅人と宿の主人は、同じ風景を前にしながら、ちがった風景をみ、そして、目に映った風景の中で行動していたのです。
　同じものを目にしていても、自分に見えるものと他の人に見えるものは、一致するところもありますし、一致しないところもあります。なぜ、見え方のちがいが起るのでしょうか。それは、その人の欲求や生きている状況によって、目にする世界の見え方が影響されるからなのです。

ワーク4
クライエントの心理

エクササイズ●4-3

"ものの見え方"を次のエクササイズをやってみる中で、体験的に感じて見ましょう。

(1) 下の図Aを見て下さい。あなたには、この図は何に見えますか。あなたに見えた"もの""こと"をメモ欄に記入して下さい。

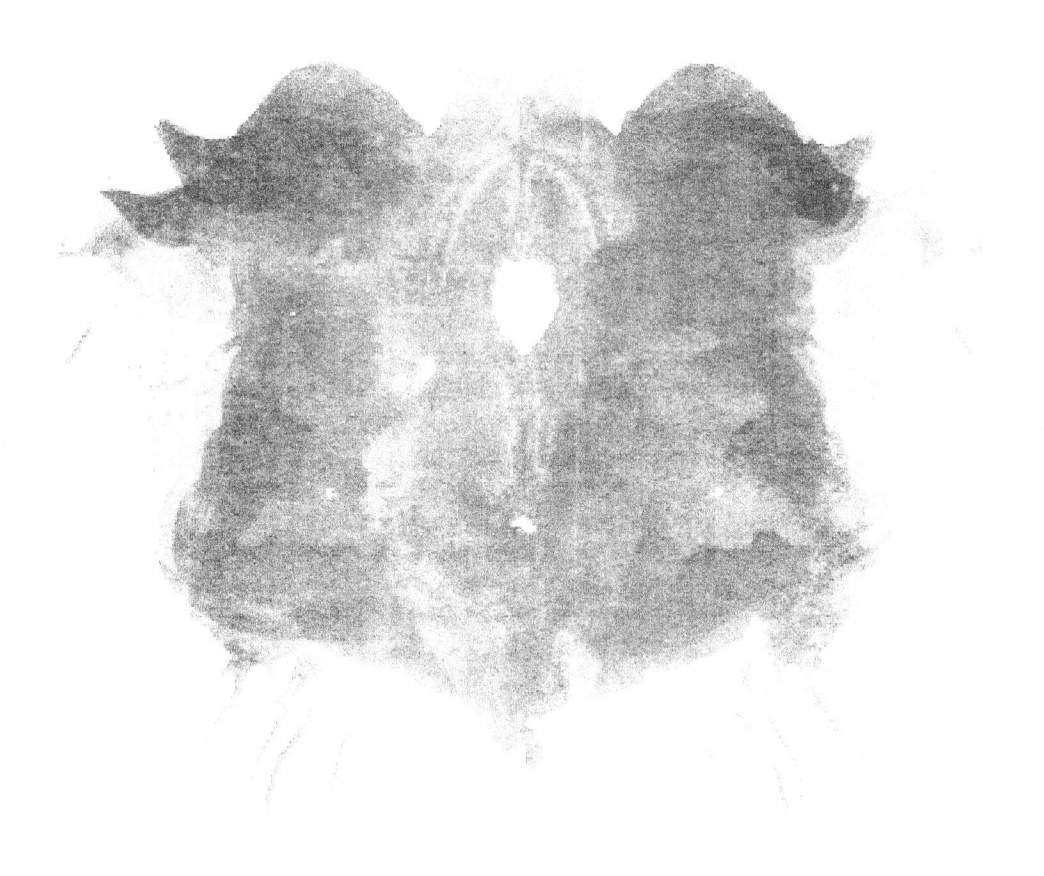

メモ

_____

_____

_____

_____

_____

©1986　日精研心理臨床センター（禁複製）

ワーク4 クライエントの心理

エクササイズ●4-3

(2) 図をもう一枚見て下さい。下の図Bは何に見えますか。前のページ（　）と同じように、あなたに見えた"もの""こと"をメモ欄に記入して下さい。

メモ

_____
_____
_____
_____
_____

ワーク4

クライエントの心理

エクササイズ●4-3

　参考例にあげた"もの"は、あなた以外の人の見え方です。他にももっといろいろな見え方があると思いますが、参考例としてあげてみました。

　これらの参考例をもとに、次の設問に答えて下さい。
① 参考例の中であなたの見え方と一致したものはどれですか。また、不一致のもの（あなたの見え方にないもの）はどれですか。不一致のもの（あなたの見え方にないもの）に〇をつけて下さい。
② 次に、〇印がついたものについて、参考例の見え方に見えるかどうか、試みて下さい。自分の見方を変えて見ることが必要です。どうしても参考例の見え方に見えないものに〇印を付けたして、◎印を作って下さい。

図Aの参考例

1　子豚のダンス
2　腐ったトマト
3　心臓
4　シンデレラの馬車
5　球根の断面図
6　ピストルの弾
7　サーカスの象
8　一つ目小僧
9　枯れ葉
10　昆虫の足
11　鶏のトサカ
12　悪魔
13　幽霊
14　アメーバー
15　朝顔の葉
16　カボチャ
17　ゴキブリ
18　どぶねずみ
19　もぐら
20　王冠

図Bの参考例

1　牛
2　牛のお面
3　蛙
4　だちょう
5　怪獣が歩いている姿
6　牙
7　赤ちゃんの足
8　ラクダの顔
9　2人の人が言いあっている姿
10　カエデの葉
11　花
12　蛇の顔
13　入江
14　人の顔
15　崖
16　蛙の轢かれた死体
17　男の人の背中
18　骨盤のレントゲン写真
19　木
20　ライオンの顔

ワーク4
クライエントの心理

解説

① 同じものを目にしても、人によって見え方はちがうのだということ、② どうしても自分の見え方に固執しがちとなり、他人の見え方で見ることには抵抗感をもってしまうものだ、という2点を、このエクササイズを通して感ずることができたのではないでしょうか。

人によって見え方はちがうことを人間関係に関連づけて考えてみましょう。

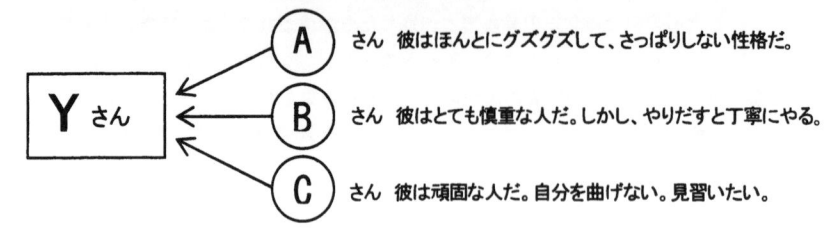

```
        ┌─ A さん  彼はほんとにグズグズして、さっぱりしない性格だ。
Y さん ←┼─ B さん  彼はとても慎重な人だ。しかし、やりだすと丁寧にやる。
        └─ C さん  彼は頑固な人だ。自分を曲げない。見習いたい。
```

Yさんに対して、Aさん、Bさん、Cさんはこのような見方をしました。3人の人は、それぞれ、自分の見方に従って、Yさんに接し、Yさんとの人間関係をもつでしょう。つまり、Yさんに対して3様の関わり方ができてきます。

見方のちがいは、関わり方のちがいをもたらします。見方のちがいが対人関係のもち方を変えてしまうのです。そして、それはどちらが正しいかということではありません。自分の見方にそれなりの理由や根拠があるのと同様に、相手の見方にも、相手の人にとって動かしがたい理由や根拠があるからです。

◆　　◆　　◆

ワーク 4

クライエントの心理

エクササイズ●4-4

このエクササイズでとりあげるのは、ある人の手記です。

ここでやってみることは、この手記をじっくり読み、この人の世界に入りこみ、理解しようとしてみることです。自分の準拠枠をあてはめて原因を探ったり、対策を考えたりすることは一時棚上げし、この人の住んでいる世界はどんな世界なのかを理解することに焦点をあててください。

　昨年・10月の連休中に私の病気は再発した。10月18日に入院、12月2日に退院、私の9回目の入院は終った。病気中に私が何を考え感じていたか書き出してみよう。病気になった私は、電気、電波、光を恐れ、この連休中からそれらを使わない生活をしようと思い立った。そして一般の人々も、もしそうすれば現代の公害等で問題のある社会から抜け出せもっと自然に親しめる良い生活ができると思ったのである。早速私は冷蔵庫の電源を止め、照明の電気はろうそくに変えた。その上、アパートで一人で住んで居た私は、愛が欲しかったのだろうと思う田舎の姉宅に行きたいと思った。準備をし駅まで出掛けて行った私はそこから電車に乗れなかった。電気を使うまいと思った私は電気で動く電車を使う事は出来なかったのである。その時には頭の中ではいままで住んでいたアパートがスパイの巣の様に思われ、そうでない私は戻る訳にはいかなかった。仕方がないので街中を荷物を持って歩き始めた。何処か私の住める場所をさがしたかった。街中を歩いているうちに自分がロボットの様に電気で動かされていると思った。街中のトランスから直接私の体に電気が流れて来た。それから逃げ出す為に街中から離れたかったがどうする事も出来なかった。街中は灰色に思われた。最初は疲れなかったが次第に疲れてきたが休む場所はなかった。アパートの近くの公園を思い出しその公園のベンチで休もうと思って行った。子供達が大勢遊んでいたが楽しそうではなかった。灰色の未来を背負った子供達に思えた。休もうと思っていたのだがすぐ隣の建物よりこの公園に毒ガスが噴射されている様に思い直ちに離れ又歩き始めた。休まずに街中を歩いている間に時間がどんどん過ぎ夜が来た。それでもまだ私は一瞬も休まずに歩いていた。しかしあまりにも心細かったので横浜に住んでいる姉に電話し迎えに来てもらおうとした。時刻はすでに夜の12時近かったと思う。姉は電車がないので来れないと言い朝早く来てくれると言った。私はアパートの前で待っていると言いその通りアパートの前で待っていたが夜が更けるにつれて疲れを覚え横になって休みたかった。もう何時間休まずに歩き続けたかわからなかった。通りには人の姿もなくなって私だけが動いていて、もれて来る灯りは放射能で私の体にささってくる様に思われた。しかし私は出来るだけその光にあたらない様にする位で他はどうする事も出来なかった。明け方までアパートの前に立っていたがあまりにも疲れ切って、思い切って自分の部屋に戻り、たたんであった布団に体をもたれさせ寝巻きをかけてやっと休んだ。しばらくして朝になり横浜の姉が来てくれ他の兄姉達も来てくれた。兄姉達と一言も話さないまま（どういう訳か病気になると兄姉と話ができなくなる）行きつけの診療所に連れてゆかれ医師に面接された。どんな話のやり取りであったか今は覚えていない。

ワーク4
クライエントの心理

解説

　この手記を書いた人は、統合失調症と診断され、ここに書かれているような不安発作や妄想に何度も襲われ、入・退院を繰り返したことのある人です。
　公園があり、電信柱があり、トランスがあり、街路灯がついている。そこは、私たちが住んでいる世界と客観的（地理的）には全く同じ世界です。
　しかし、この人には、この世界が、時として恐怖の世界に感じられるのです。その恐怖の世界にいる時、この人は、疲れ切ってしまうまで、あてどなく歩き続けなければならない、やりきれない思いをさせられるのです。
　私たちは、こういう感じ方を妄想と呼んで理解から排除しようとします。しかし、この人にとって、このような感じ方はまさしく現実的な感じで、この人を動かしているのだということに、私たちはきちんと目を向けなくてはなりません。
　つまり、私たちは誰でも、自分にとっての意味づけのある世界に住んでいるということなのです。

◆　　　◆　　　◆

　相手の見方つまり準拠枠でものを見るということは、自分の見方、準拠枠をすてることではありません。自分の見方、準拠枠に固執して、それで相手をきめつけないこと、いいかえれば、自分の見方、準拠枠を一時棚上げして、「変だな、どうしたらそういうふうに見えるようになるのだろう」と思ってみることです。どうしてその人にはそう見えるのだろうかを、その人の立場に立って見てみようとする姿勢が、相手の見方、準拠枠でものを見る時の姿勢です。この姿勢が、クライエント理解につながっていくのです。
　「変だな、どうしてそう見えるのだろうか」という感じを大切にして下さい。その人にとっては、確かにそう見えているのですし、その人にとっては、それが現実なのですから。

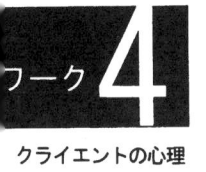

3　クライエントの質問

　質問は、普通、知識や情報を得るためになされるものと思われがちですが、必ずしも、そのようなことのためになされるとは限りません。相手との直接的なかかわりをさけようとする場合には、質問という形式をとって相手に近づくということは、誰もすることです。
　また直接自分の考えを相手に伝えることに躊躇のある場合にも質問という形で言外に伝えようとすることもあります。
　クライエントは、1の"クライエントの気持"の項で考えたような気持で相談に訪れるのですから、質問という形式でカウンセラーに近づこうとするのは、ごく自然なことといえます。
　そこで、クライエントの質問という観点から、クライエントの心理を考えてみましょう。
　クライエントは質問によって、何を伝えようとするのでしょうか。クライエントの質問の背後にあるものについて考えてみましょう。

　クライエントの質問には、おおよそ次のような気持、欲求、期待がこめられています。

①	知識や情報を得たい
②	要求、依頼、勧誘を伝えたい
③	不安、おそれなどの気持を伝えたい
④	支持や保証を得たい
⑤	安心のために確かめたい
⑥	あきらめるために確かめたい
⑦	カウンセラーを試す（様子をうかがう）

この考え方を用いて次のエクササイズでクライエントの質問について確認してみましょう。

ワーク4

クライエントの心理

エクササイズ●4-5

　次にカウンセラーに向けられたクライエントからの10の質問がならんでいます。それぞれの質問に、クライエントのどんな気持、欲求、期待がこめられているのでしょうか。
　下記の①～⑦の項目の中からあてはまるものを選び、それぞれの質問の末尾の□の中に、該当する項目の番号を記入して下さい。2つ以上あてはまると思うとき、はっきりしないときや迷うときは、2つ以上の番号を記入してもかまいません。

①	知識や情報を得たい
②	要求、依頼、勧誘を伝えたい
③	不安、おそれなどの気持を伝えたい
④	支持や保証を得たい
⑤	安心のために確かめたい
⑥	あきらめるために確かめたい
⑦	カウンセラーを試す（様子をうかがう）

〔クライエントの質問〕

(1) 夫が暴力を振るうのですが、男の人はみんな、暴力を振うのでしょうか。　□　□　□

(2) このままいくと、私はどうなるのでしょうか。　□　□　□

(3) 私は、休日にはどう過ごせばいいんでしょうか。　□　□　□

(4) 息子にあまりくどくど言わない方がよろしいでしょうか。　□　□　□

(5) 先生（カウンセラー）は私のような問題を扱ったことがありますか。　□　□　□

(6) 先生（カウンセラー）は結婚していらっしゃるのでしょうか。　□　□　□

(7) 私の将来に希望なんてあるのでしょうか。　□　□　□

(8) 先生（カウンセラー）は家庭内暴力の子を持った親の辛さがわかりますか。　□　□　□

(9) 母にそういってみても大丈夫でしょうか。　□　□　□

(10) 子どもを朝、起こした方がいいのでしょうか。　□　□　□

ワーク4
クライエントの心理

解説

　ずい分迷った質問もあったと思います。参考までに解答例をあげておきますので参考にしてみて下さい。

　①の「知識や情報を得たい」が少ないこと、ひとつの意図だけではなくさまざまな意図がこめられていること、質問という形で何かを伝えようとしているのだということが理解できたのではないでしょうか。
　クライエントの質問に応ずるときは、クライエントの質問がいつもカウンセラーの意見や知識、情報を求めているとは限らないということを念頭におく必要があります。むしろ、クライエントは、質問という形で気持、要求、期待を伝えようとしているのだと考えた方が、かえってクライエントの質問に適切に応えることができます。

◆　　　◆　　　◆

　クライエントから質問を投げかけられたときは、それに答えを出そうとする前に、クライエントはなぜ、そのことが聞きたいのだろうか、その質問は何をどのように見、感じ、考えているから出てくるのかを考えてみる必要があります。

　"こたえる"という言葉には2つの文字があてられています。ひとつは"答える"で、もうひとつは"応える"です。"答える"は解答を与える意ですが、"応える"には、その他に"気持に応ずる"という意味が加わっています。クライエントの質問には"応える"という気持で応ずることが大切です。

ワーク 4

クライエントの心理

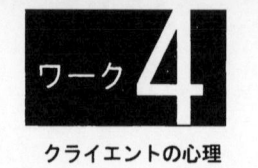

4　カウンセラーの質問

―「開かれた質問」「閉じられた質問」―

　カウンセラーからクライエントに発せられる質問には「閉じられた質問」と「開かれた質問」とがあります。（A．アイビー）

　「閉じられた質問」とは，質問に対して「はい」「いいえ」「五人です」「昨日です」など簡単にこたえられるようなものを指しています。

　「開かれた質問」は質問に対して「感じたことや意見など」のように，こたえる際にその人なりの工夫や独自性などが表れるような質問で，こたえの自由度が高い質問を指しています。

　まず，次の質問とそれについての答えを読んでみて，A「開かれた質問」B「閉じられた質問」に分類してみましょう。

　　例題：□「きょうだいは何人ですか」
　　　　　□「その本を読んだのは何年生の時でしたか」
　　　　　□「その本は教科書で使ったものですか」
　　　　　□「どんなことが書いてあったのですか」
　　　　　□「その本は誰が書いた本ですか」
　　　　　□「その本を読んでみてどんな感想を持ちましたか」

　答えはB，B，B，A，B，Aとなることを確認してください。

　このようにカウンセラーからの「質問」によってはクライエントの反応・クライエントからの情報やクライエントが見つめる自分の側面などに違いが存在するものです。

　「開かれた質問」と「閉じられた質問」とは一見すると「開かれた質問」のほうが「閉じられた質問」よりも「対話」の展開や深まりに貢献するとして好ましい感じがしますが，「防衛」や「抵抗」が強いとか「未熟」で自分の内面を「明細化」する力が弱い場合などには「閉じられた質問」のほうが「具体的」で「余り考えなくてすむ」ので関係をとりあえず「創る」のには意外と貢献するものでもあります。

　逆に「開かれた質問」は「自己開示」を大きく促進するものですから，「混乱が強かったり」，「覚悟が弱かったり」するときにはかえって話しにくいものでもあります。

　ですから，「いつでも正しい質問法がある」という風には想定しないほうがよいようです。

©1986　日精研心理臨床センター（禁複製）

ワーク 4
クライエントの心理

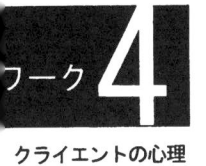

エクササイズ●4-6

「開かれた質問」「閉じられた質問」については対話の流れに沿って検討したほうがよいので，対話の記録を基にして考えてみることにしましょう。

次の対話の中の質問についてA「開かれた質問」B「閉じられた質問」を分類してみましょう。
合わせてそれら質問がどのようにクライエントに働きかけているのかを調べてみましょう。

〔逐語記録 1〕 （女性 20才）
Cl. …クライエント　Co. …カウンセラー

やりとり	質問の分類
Cl.1 えと，あの，私，もう無茶苦茶に食べてしまうものだから，もうみっともないくらいに太っちゃって…自分でも異常だと思って，それで，どうしたらいいか，やめられるかと思って…	
Co.1 そうですか。それは，最近のことですか？	(1)
Cl.2 はい	
Co.2 何か，こう，思い当たることがありますか？	(2)
Cl.3 あの，それは・・あったけどそれはもうすんだことだから	
Co.3 もうその原因は一応，終わってしまっているのですか？	(3)
Cl.4 過ぎたことは仕方ないし…	
Co.4 でも，いまだに尾をひいているんでしょう？	(4)
Cl.5 この気分と関係あるかもしれないけど，普通の人はこうはならないし，いつまでも尾を引かないし…。	
Co.5 じゃあ，あなたの場合には，まだ尾を引いている感じなんですか？	(5)
Cl.6 ええ…。	
Co.6 他にも何か気になることがありますか？	(6)
Cl.7 私が異常だと思うのは，食べても食べても食べれるって感じ，それだけ，他は普通にしているから	
Co.7 いくらでも，食べられるんですか？	(7)
Cl.8 最初は，体重が増えるのが怖かったから，食べては吐いたりしていたの，それってすごい体にこたえるから，体が・・だからやめたの・・そしたら，そのまま体重になっていく感じで…	
Co.8 あなたは，何か仕事をしていますか？	(8)
Cl.9 はい。	
Co.9 じゃあ，日常生活は普通に？	(9)
Cl.10 生きていかなくちゃならないから	
Co.10 そうですよね。それで病院とかはいきました？	(10)
Cl.11 ええ，	
Co.11 今も行っています？	(11)
Cl.12 今は，行ってないです	
Co.12 以前に行ったときにはなんと言われました？	(12)

ワーク 4
クライエントの心理

エクササイズ●4-6

もう一つの例は，同じクライエントに違う質問形式でやってみました。
（　）にA「開かれた質問」B「閉じられた質問」を入れてみましょう。

〔逐語記録 2〕　（女性　20才）
Cl. …クライエント　Co. …カウンセラー

やりとり	質問の分類
Cl.1 えと，あの，私，もう無茶苦茶に食べてしまうものだから，もうみっともないくらいに太っちゃって…自分でも異常だと思って，それで，どうしたらいいか，やめられるかと思って…	
Co.1 食べることをやめるために何かしてみましたか？	(13)
Cl.2 いや，・・・やっぱり無理だと思います。	
Co.2 そうですか，やってみられたのに難しかったのですか。それでも，何とかしたいとここにお出でになったのですね？	(14)
Cl.3 何とかしてもらえますか	
Co.3 一緒に考えましょう，それで，どんなことを試みたのですか？	(15)
Cl.4 いくら食べてもどんどん食べられるので，これは吐くしかないと思って，最初は吐いていました。	
Co.4 それで？	(16)
Cl.5 体にきついので吐くのはやめました。そしたら食べた分だけどんどん体重になっていくので，怖くて…	
Co.5 それは，大変でしたね・・医者には行ったのですか	(17)
Cl.6 医者に行ったら，特に異常は無いといわれたりして…	
Co.6 だけど，自分ではこれは異常だと考えたのですね？	(18)
Cl.7 過食症ってありますか？	
Co.7 それではないかと考えたのですね？	(19)
Cl.8 そうとしか考えられないから…	
Co.8 過食症だとしたら？	(20)
Cl.9 本で読んだんです。そしたら，母親とのことが原因だと書いてあって…	
Co.9 そうですか，それであなたとお母さんとのことがどんなふうに関係があると思いましたか？	(21)
Cl.10 別に，母親はあんなもんだと思うし…	
Co.10 お母さんが特別な人ではないと…	
Cl.11 それよりも，分かれた彼のことのほうが…	
Co.11 それよりも，彼とのどんなことが何か関係がありそうなんですか？	(22)
Cl.12 だって，彼と別れてからこんな風になったような気がするから，・・寂しくなったときとか怒りがこみ上げてきたときに，なんだか食べたくなっちゃって，いくらでも，いくらでも，どんどん…	
Co.12 彼と別れたことでさびしくなったときとかに，そうですか，辛いときに食べたくなるのですね？	(23)
Cl.13 でも，いまさら関係は戻らないのに…	
Co.13 本当は何とか関係を戻したいのでしょう？	(24)

ワーク4 クライエントの心理

解説

カウンセラーが質問するときにどのような観点から質問が発せられるのかが気になります。
一般的には
① 新しい情報を要求する
② 不明確な点を確認する
③ 新しい観点からの情報を得る
④ 焦点を明確にする

などが考えられます。

ところで，私たちは人から質問されると，即座にそれについて知っていることを知らせたり，教えたりしたくなります。

しかし，カウンセリングでは「カウンセラー」の関心や意図が強く働くことをできるだけ回避して，クライエントの自発的な話を聞くことを優先させようとしています。

それは，問題の所在や問題の複雑さや，問題に関わる情報についてはクライエントのほうがよりたくさん知っている。そして，何が使える情報か，何は関係ない情報かという点でクライエントの判断が働いていると考えます。

したがって，カウンセラーが外からあれやこれやと質問することは，クライエントの自発性を尊重するというよりは，カウンセラーの主導下にクライエントを置くことになってしまいますから，避けたいわけです。

その意味では，クライエントが話す順番や話す内容などにもクライエントの意図が働いていることになります。

特に「閉じられた質問」はその点でもできるだけ避けたい事柄になります。

ところで，「閉じられた質問」と「開かれた質問」とを比較すると，「閉じられた質問」は「一本釣り」で「開かれた質問」は「地引き網」であるととらえることができます。

つまり，特定の事柄について一つ一つ確認するような質問は「一本釣り」で，たいていの場合にカウンセラーが問題にまつわる事柄を「組み立てていく」感じとなります。「地引き網」はいろいろなものをいっぺんに手繰り寄せていき，そこからクライエントの「世界」を理解するというところでしょう。「開かれた質問」にはともすると「当面いらない情報」が多く含まれている可能性があります。しかし，それも含めてクライエントは関係があると述べていることになります。

ワーク5 クライエントの理解

1. 外側からの理解と内側からの理解
    エクササイズ●5-1
    (1) 外側からの理解
    エクササイズ●5-2
    (2) 内側からの理解
    エクササイズ●5-3
2. クライエントとの関わり
    エクササイズ●5-4
    エクササイズ●5-5
3. 言い換え
    エクササイズ●5-6
    エクササイズ●5-7
4. 対話と沈黙
    エクササイズ●5-8
    エクササイズ●5-9

　クライエントを理解するということはどういうことをいうのでしょうか。このワーク5では、クライエントを理解するための大切なポイントのいくつかについてみていきます。そして、そのクライエント理解が、いかにクライエント自身の自己探求を助けるものとなっているかを検討してみましょう。また、自分がどんな角度からクライエントを理解しようとしているのかも考えてみます。自分のクライエント理解の傾向を知ることは、クライエントと援助的な関わりをするうえで大切なことです。

ワーク5　クライエントの理解

1　外側からの理解と内側からの理解

あの人はどんな人ですかと聞かれた時、どのように答えますか。

『結婚していて子どもが2人いる。貿易会社に勤めて12年になり、係長をしている。趣味はゴルフと読書。休日は家にいないか、いてもひとりで本を読んでいるので、奥さんは不満をもっている。彼は、奥さんの不満にはそしらぬ顔をしているが、それでいいと思っているわけではない。奥さんが留守のときは、家事も育児もやっている……』

この説明は、この人を2つの面からとらえていることに気づきます。

ひとつは、その人のおかれている客観的な状況からの説明です。例えば、結婚している、子どもが2人いる、貿易会社で12年目の係長であるなどで、このような理解は、いわばその人を外側から理解したことになり、外側からの理解ということができます。

一方、もうひとつの面は、その人の主観的な面についての理解です。例えば、奥さんの不満には当たらずさわらずでいるが、内心はそれでいいと思っていないことなどです。この面からの理解は、その人の内面を理解することで、内側からの理解ということができます。

外側からの理解、内側からの理解のそれぞれについて、理解の手がかりとなるポイントをあげると次の図のようになります。

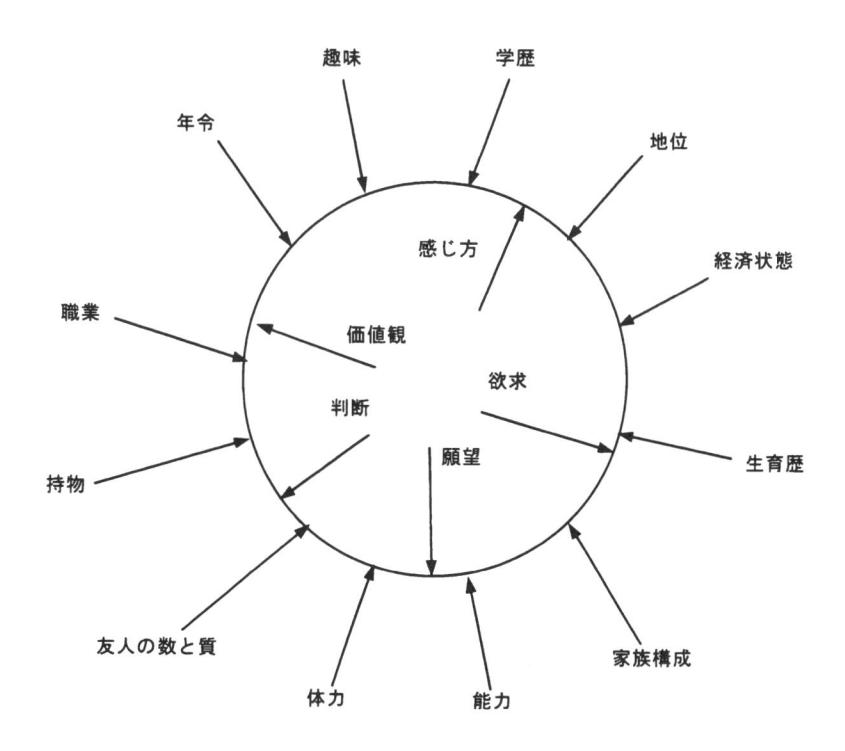

[図：中心の円の中に「感じ方」「価値観」「判断」「欲求」「願望」が書かれており、外側から「趣味」「学歴」「地位」「経済状態」「生育歴」「家族構成」「能力」「体力」「友人の数と質」「持物」「職業」「年令」の矢印が円に向かっている]

77　©1986　日精研心理臨床センター（禁複製）

ワーク5 クライエントの理解

エクササイズ●5−1

このクライエントは29才の女性です。この人の話から、このクライエントを理解するうえで、外側からの理解にとって手がかりとなること、内側からの理解にとって手がかりとなることをそれぞれあげて下さい。

〔事例19〕 女性 34才

彼氏がいるのですけれど、その人としばらく別れていたんです。彼がお見合いすることになったからなのですけど、そのお見合いの方とうまくいかなかったみたいなんですね。やっぱり私のことが忘れられないって戻ってきたのです。彼と結婚したいと思っているのですが、一寸私の方の事情も色々とあるものですから。というのは、私は母を7年前に亡くし、父が昨年脳血栓で倒れてしまって私が看病しているのです。私には弟がいるのですがもう適齢期で、私が嫁に行ってしまうとお嫁さんのきてがなくなるんじゃないかと思うし、それも心配なんです。

弟に、もし相手が見つかっても、父のことをうまく看病してくれるか気になるし、自分で看てあげた方が父にはいいだろうなあと思うのです。この彼との話がダメになったら私ももういい年なのであとがないっていう気にもなるし、もう、どうしたものか混乱してしまって……。

外側からの理解の手がかり	内側からの理解の手がかり
（例）父の病気の重さはどれくらいか	（例）彼女は彼を本当に好きなのだろうか
（例）経済的にはどうしているのか	（例）彼を許しているのだろうか
(1)	(1)
(2)	(2)
(3)	(3)
(4)	(4)
(5)	(5)
(6)	(6)
(7)	(7)

©1986 日精研心理臨床センター（禁複製）

ワーク 5 クライエントの理解

解説

　外側からの理解は、世間一般にあてはまる常識的判断や統計的な判断が中心になります。また、本人に直接尋ねなくても本人の周辺の人から得られる性質の情報が多いこともわかります。
　内側からの理解の手がかりは、まさに本人自身からしか得られないような、その人固有の感情、欲求、計画、価値観、判断などが中心となり、したがって、個別的なものといえます。
　人を理解するというときには、これらの2つの面からの理解のどちらも必要です。どちらに偏っても充分な理解は得られません。
　そこで、それぞれについて、もう少しつっこんで検討してみましょう。

◆　　　◆　　　◆

(1) 外側からの理解

　外側からの理解は統計的な判断に立つものですから、一般論ということもできます。つまり、当人に直接的に尋ねたり、当人の行動を直接的に観察しなくても、一般論をあてはめることによって、そこからたくさんの意味や解釈をひき出すことができます。
　例えば、「Aさんのお宅の息子さんは財務省に勤めているんですよ」という情報を伝え聞くと、とたんにたくさんのことが推測され、その推測に意味づけし、価値づけて、その人のイメージが作られます。"きっと、頭がいい人だろう" "一流大学の卒業だろう" "家族もきっと立派な人たちなんだろう" "小さい頃からさぞ教育熱心だったにちがいない" "お嫁さんにくる人も、さぞかし……" など。
　このような一般論のあてはめが当を得ていることも多く、また、私たちは、そのような理解の仕方にならされてもいます。

ワーク5
クライエントの理解

エクササイズ●5-2

次の言葉からどんなイメージを連想しますか。思いつくものを該当する欄に記入して下さい。

言葉＼イメージ	性格、心理	家族関係、家庭の状態	将来の予測
（例） 離婚した 28才の女性	わがまま、 思いやりがない 辛抱がたりない	帰りのおそい夫 つめたい会話 おどおどした子ども	楽しい自由な生活
不登校の 中学生			
結婚 まもない 夫の浮気			
ひとりっ子 の大学生			
母子家庭の 幼稚園児			
やせ症の 16才の 高校生			
単身赴任の 50才の会社員			
単身赴任の 50才の会社員			
35才の 独身男性			
子どものい ない40才台 の夫婦			

©1986 日精研心理臨床センター（禁複製）

ワーク5 クライエントの理解

解説

　それぞれの言葉についてのイメージの傾向はどんなものでしたか。肯定的なイメージ、積極的なイメージ、明るいイメージを連想させる言葉もあれば、否定的なイメージ、消極的なイメージ、暗いイメージを連想させる言葉もあったでしょう。

　それらの傾向は、その言葉についてのあなたの一般論（準拠枠に該当します）をあらわしています。そして、それらの言葉が代表するような状況にいる当人と直接的に会い、話を交わさなくとも、その人についてのイメージをある程度もつことができます。

◆　　◆　　◆

　外側からの理解のための一般論の枠組みは、おおよそ過去の経験、知人や書物、マスコミからの知識などから作りあげられているものです。ですから、経験、知識の豊富な人ほど、人の話をよく理解することができるし、適切なアドバイスをすることができるというのも理由のないことではありません。

　このように、一般論の枠組みは有効なものですし、その助けをかりなければ人を理解することも不充分になりますが、外側からの理解に偏りすぎると、いくつかの陥し穴に落ちるということになります。

　ひとつには、その枠組みに当てはまらない場合は、当てはまらない部分を切り捨てても、自分の枠組みの正当性を保とうとすることがあるということです。

　たとえば、次のようです。
- A型の血液型の人は神経質なはずだ→一般的な枠組み（自分の準拠枠）
- この人はA型だと言っているけれどもそんなはずはない→一般的な枠組みに当てはまらない部分をきりすてる
- もし、A型だとしたら、この人はA型の変型にちがいない→自分の枠組みを守る

　また、ひとり、ひとりのクライエントの個別性を無視してしまうという陥し穴もあります。"そういう話は、たいていの場合かくかくだから、こうしたらどうか"と一般論を述べてすませてしまい、個々のクライエントに特有な独自性を見落としてしまうことがあるということです。

　以上の2つの陥し穴のどちらにも関連することですが、一般論の枠組みからはどんな推測も可能ですから、推測が推測を生み、現実のクライエントから離れたイメージができてしまい、それが一人歩きしてしまうことがあるということです。

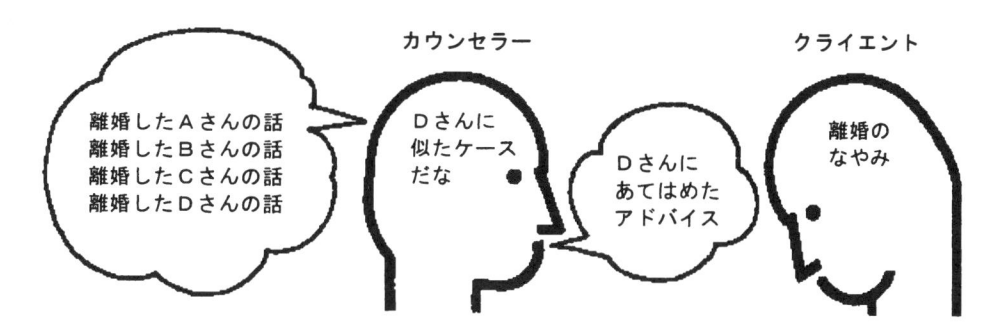

　外側からの理解の陥し穴に落ち入らず、かつ、外側からの理解の有用さを生かすには、どうしたらよいでしょうか。このことを考える前に、内側からの理解という、理解のもう一面について検討してみましょう。

©1986　日精研心理臨床センター（禁複製）

ワーク 5
クライエントの理解

(2) 内側からの理解

　内側からの理解は、(77)ページの図にあるように、相手の内面、つまり、相手の感じ方、欲求や計画、判断や価値観などを理解していくことであり、それらの状態や動きを理解していくことです。ところが感情、欲求がいくつもあったり、判断に迷ったり、異なる価値観の対立の中に身をおいたりというように、人の内面は複雑にからみあい、混とんとしていることが多いのです。

「～でもあり、～でもある」
「～ではないし、～でもない」
「～もしたいし、～もしたい」
「～もしたくないし、～もしたくない」
「～すると、～できない」
「～しないと、～になってしまう」

　このような、対立したり、ひきさかれたりというように揺れ動き、きめられない、わり切れない、ふみきれないというように迷う心の状態〈葛藤〉と呼んでいます。
　内側からの理解とは、このような〈葛藤〉を理解するということでもあります。

◆　　　◆　　　◆

　次はあるクライエントの発言です。
〈例題　男性　55才　会社員〉
　「もう万策つきてしまいました。私は死を選ぶしかないのです。子どもたちには本当にすまないと思います。私の見栄の犠牲にしてしまうのですから、私が弱かったんです。しかし、全部捨てて死ぬにも勇気がいるのですね。どうも私は最後まで決断がちゃんとできないようで、情けないです。」

　この発言の中から感じとれるこのクライエントの〈葛藤〉は次のようになるでしょう。
　「もう死んでしまうしかない、しかしその勇気がない。」
　「全部捨てるしかない。しかし、子どもにはすまない気持もある。」

ワーク 5
クライエントの理解

エクササイズ●5-3

次のクライエントの発言の中から、どんな〈葛藤〉が感じとれますか、クライエントの揺れや迷いの心の状態を表現して下さい。

① 私は本当の病名を知りたいのです。だって、誰もかれも嘘を言っているようで、とてもいやなのです。自分だけが配慮されて、「いいからゆっくり寝てなさい」なんて、とんでもない。寝ていられませんよ。そりゃあ、こわいですよ。でも、今のままよりずっとましです。

___

② 私は、自分が養子だってことを知ってから、心から両親に甘えられなくなったと思います。でも、この人たちが一生懸命にここまで自分を育ててくれたんだという気持もあるのです。だから、今までのように甘えた方が両親は喜ぶと思うのです。

___

③ ある夜、目が覚めてみたら、父と母が大げんかしていました。父は「俺はお姉ちゃんを連れていく」母は、「私はお兄ちゃんを連れていきますから」と言っているのです。私の名前が出てこないのです。どちらも私を要らないのです。私はどうしていいかわからなくて、悲しいよりも、冷たい水の中につけられた気分でした。

___

④ 私は海外で奉仕活動をすることをずっとあこがれていたのです。しかし、母をひとりだけ残して遠くに行くのは、少し心配なのです。もともと母は、身体が丈夫ではないのです。

___

⑤ 今年何とか大学に入らないと、家の経済状態はひどくなるんです。弟たちのこともあるし。自分でも二浪するとは思いもよらなかったんです。もし今年は入れないと、どこか就職するしかないのです。そんなこと考えると、勉強が手につかなくて…

___

©1986 日精研心理臨床センター（禁複製）

ワーク5

クライエントの理解

解説

参考までに別冊に解答例をあげてあります。自分の解答と比べてみて下さい。
それぞれの発言からひとつでもクライエントの葛藤を感じとることができれば、クライエントの内面世界の理解を、そこからひろげていくことができます。

クライエントの内的な世界の中でどのような葛藤（what）が起っているのかを、まず把握することです。それがはじまりとなって、それがどのように（how）起っているのかの理解へと進むことができます。

◆　　　　◆　　　　◆

内側からの理解とは、クライエントの感情、欲求や期待、評価や価値観などの内的な世界を理解することですが、感情ひとつを例にとってみても、内的世界は単純なものではありません。「恋人を失って悲嘆にくれている」と表現しても、クライエントの感情状態は、悲嘆に加えて、恨み、怒り、絶望、不安、不信、自棄、など、さまざまな感情が複雑にからみあい、もつれあって、にっちもさっちも動きのとれないものになっているでしょう。

内側からの理解は、現実的には、クライエントのこのような状態を理解することで、それは〈葛藤〉を理解することといいかえてもいいと思います。

葛藤を理解するというときに注意しなくてはならないことは、クライエントの動きのとれない状態をそのままうけとめ、わかろうとするということです。私たちは、明快さや前進にプラスの価値をおく文化の中に生きていますので、クライエントの混乱や停滞を理解しようとする前に、原因を探り、対策をたて、助言しようとしたり、さもなければ、見限ってしまおうとしたりします。

葛藤をそのままうけとめ、わかろうとするということは、クライエントの混乱、停滞を混乱、停滞のままうけとめ、わかろうとすることで、それらを選択させたり、統合させたり、解消させたりすることを急ぎすぎないことです。

クライエントを理解することを、外側からの理解と内側からの理解という2つの視点に分けて検討してきました。

これらの2つの理解の視点は、お互いに相補っていくものです。しかし、2つをいつも均衡させるわけではありません。準拠枠と同じように、お互いの関係がまだ深まっていないはじめのうちは、外側からの理解を中心にしていかざるをえないでしょう。しかし、いつまでも外側からの理解に偏っていると、関係は表面的、一般的なレベルに留り、深められません。関係の深まりに応じ、内側からの理解の方向で進むようにします。

しかし、一方、クライエントがおかれている日常的な生活の具体的な事情、つまりクライエントの外側の世界についての理解が不足のままに、クライエントの感情がわかったとしても、そのわかり方は現実感の乏しい、甘い同情になる可能性をもっています。

このように、2つの理解の視点は相補的な関係にありますが、カウンセリングの立場からいえば、内側からの理解が中心になります。内側からの理解にとって、外側からの理解が必要ですが、外側からの理解に偏っては、十分なクライエント理解に達することはできません。

◆　　◆　　◆

2　クライエントとの関わり

クライエントを理解するということについて検討してきましたが、次は、そのクライエント理解に立って、クライエントとどう関わりをつけていくかの検討にはいりましょう。

クライエントの法律的、経済的、医学的な問題つまり外側の問題の解決をめざすのに対して、カウンセリングはクライエントの内側の問題にかかわっていきます。

そこで、クライエントの内側にどう関わりをつけていくかを考えてみることにしましょう。

ワーク5 クライエントの理解

エクササイズ●5-4

次の事例は、高校1年の男子生徒の話です。この話を読んで、設問に答えて下さい。

〔例題　男子　16才〕

　僕は、もう3ヶ月も学校を休んでいるんです。自分でもどうしていいかわからなくて困っているんです。もうずい分休んじゃったから、皆んなから取り残されていくような気がして、内心はあせっているんですが、一方で、どうにでもなれって気持もして、イライラしているんです。父はふだん、何も言わないけど、母が毎日、口うるさいんです。風呂へ入れ、ご飯をたべろ、部屋をきれいにしろ、せめて家で勉強でもしろ、ステレオが大きい音で近所に恥ずかしいとか、もう、次々に何かかんか言ってきて……。この間、父がめずらしく僕の部屋に来たと思ったら、「大学に入ったら、何でも好きなことやらしてやる」なんて言ってるんです。そりゃ大学に行きたいけど、もうだめでしょうね、こんな風になっちゃったら。もう僕のことはあきらめてくれればいいんですよ。勉強するのにも、目標を追うような生活にもくたびれたんですから。ひとりっ子がこうなると、父も母もかわいそうなもんですね。もうすることがないんですから。

　僕はもうおちこぼれたんだから、それでいて、ひとりで生活する力もないんだから、人間失格なんですよ。

(1) クライエントの話の中で、焦点はどこだと思いますか。下記の箇条書きの各項目の□の中に、重要と思われるものの順に順位を記入して下さい。

□ ①　3ヶ月間、学校を休んでいる
□ ②　自分でもどうしていいかわからない
□ ③　取り残されるようで、内心焦っている
□ ④　どうにでもなれと、イライラしている
□ ⑤　母親が毎日、口うるさい
□ ⑥　生活上のことをあれこれ言われる
□ ⑦　大学に行きたいが、もうだめだろうと思っている
□ ⑧　親があきらめてくれるといい
□ ⑨　勉強、目標を追う生活に疲れている
□ ⑩　父も母もかわいそう
□ ⑪　おちこぼれて、自活力もないし、人間失格だと思っている

(2) 次に、焦点づけ（高い順位のついた項目）に従って、クライエントに関わってみましょう。カウンセラーとしてクライエントにどんな言葉をかけたらいいでしょうか。カウンセラーになったつもりで、応答を作って下さい。

メモ
_____
_____
_____
_____

ワーク 5 クライエントの理解

解説

私たちは人の話を聞く時に、どこかに焦点を定めて聞きます。これまで学習してきて、カウンセリングでは"感情"に焦点を当て、受けとめることが大切だということを、くりかえし指摘してきました。

では、この例のように、いくつもの感情があり、どれに焦点を当てていいのか迷ってしまう場合はどうしたらいいのでしょうか。実際の話し合いの場合にはとっさに決めなければならないのですが、ここでは紙上練習ですから、ゆっくりと考えて、自分なりの焦点の順序がつけられたと思います。

その序列はどんな序列になったでしょうか。自分がどんな所に焦点を当てて大切にしようとし、逆にどんな所を低く見積もっているのでしょうか。見直してみてください。

ともかく目標をたてさせ、意欲をひきだそうということに関心をもつ人は⑦あたりが優位になるかもしれません。

両親との関係、親への配慮を意欲につなげることが重要だと思う人は⑤⑥⑩あたりが優位になるかもしれません。

また、クライエントのおちこんでいる今の気持をうけとめようとする人は③④⑨あたりが高順位になるかもしれません。

こんなふうに自分の序列を見直してみると、クライエントとの関わりの中で自分がクライエントに何を望んでいるのかが逆説的にわかってきます。

では参考例をあげてみましょう。参考例はあるカウンセラーの関わりたい順位で、それは次のようになりました。

11	① 3ヶ月間、学校を休んでいる
5	② 自分でもどうしていいかわからない
3	③ 取り残されるようで、内心焦っている
4	④ どうにでもなれと、イライラしている
6	⑤ 母親が毎日、口うるさい
7	⑥ 生活上のことをあれこれ言われる（生活が乱れている）
2	⑦ 大学に行きたいが、もうだめだろうと思っている
8	⑧ 親があきらめてくれるといい
1	⑨ 勉強、目標を追う生活に疲れている
9	⑩ 父も母もかわいそう
10	⑪ おちこぼれて、自活力もないし、人間失格だと思っている

この参考例のカウンセラーは「目標を追う生活に疲れている」ことや「大学に行きたいが、だめだろうと思っている」「内心焦っている」などの気持を焦点づけの高順位に考えています。つまり、クライエントのクライエント自身に対する気持を中心に焦点づけられ、その次に、親への気持が順位づけられています。「3ヶ月休んでいる」という事実や、ここまできてしまった自分に対してやや、やけ気味に発言している「人間失格」などの気持は後まわしになっているようです。

ワーク5

クライエントの理解

解説

　この焦点づけは、カウンセラーがまずクライエントのクライエント自身に対する気持の揺れ動き、すなわち、自分自身への期待や焦り、自分の現在をどう見ているかといった点からクライエントの理解を進めたいということで成り立っているといえます。両親とのことはクライエントにとって、いわば外側のことで、まず、自分自身に目を向け、理解することを促すことの方がより重要だと考えているからです。

　このような焦点づけに従って応答するとすれば、どのような応答が考えられるでしょう。

　「大学には行きたいけれど、勉強や目標を追う生活には疲れてしまって、もうだめだろうと思っているのですね」

　参考例は正解ではありませんから、自分の応答と比べ合わせ、焦点づけのちがい、焦点と応答とのつながりなどを検討してみて下さい。

◆　　◆　　◆

ワーク5 クライエントの理解

エクササイズ●5-5

次の2人のクライエントの話をきいて、それぞれの話のあとの設問に答えて下さい。

〔事例17〕　女性　21才　会社員

　私は、今の会社に入って3年ほど経ったところです。会社のことも自分なりにはわかってきて、先輩たちの様子を見ていると、このままで一体どうなるんだろうと思うようになってきたんです。

　自分はこのままいっても大した仕事はないし、大して地位も上がらないし、高校を出ただけじゃ、大して評価されないんです。

　私も大学へ行きたかったのに。そしたら、友だちを作り、もっとのびのびと生きられたのではと思うんです。今、私はひとりぼっちだと、いつも思うんです。もうなにもかもやめてしまいたくなるんです。

(1) このクライエントの話の焦点はどこだと思いますか。以下の箇条書きの□の中に、重要と思われるものの順に序列をつけて下さい。
- □ ① 会社に入って3年ほど経ったところ
- □ ② 会社のことも自分なりにはわかってきた
- □ ③ このままで一体どうなるんだろうと思ってきた
- □ ④ 大して評価されない
- □ ⑤ 大学へ行きたかった
- □ ⑥ もっとのびのび生きられたと思う
- □ ⑦ ひとりぼっちだといつも思う
- □ ⑧ なにもかもやめてしまいたくなる

(2) 焦点づけ（焦点の序列の高い項目）に応じて、クライエントに関わってみましょう。カウンセラーとして、クライエントにどんな言葉をかけたらいいでしょうか。応答を作って下さい。

©1986　日精研心理臨床センター（禁複製）

ワーク 5 クライエントの理解

エクササイズ●5-5

〔事例18〕 男性 17才 高校生

　人は自分のしたいことや思っていることが言えるみたいなんですね。だけど私はそれが言えないんです。
　人の強さに押されちゃうのかもしれません。
　イヤって言えないものだから、結局、色々なことを引き受けてしまうんです。
　この間も試験の前に「ノート見せて」といわれて、まだ自分でも整理してないし、今度勉強しようと思っていた科目だったけど貸しちゃったんです。
　そしたら試験の前の日に返されて、その日は一夜漬けで勉強して、成績もあまりよくなかったんです。
　押しつけられたり、頼まれたりするのは本当はイヤなんですけど、それがイヤって言えないんです。自分でもこんな風に消極的じゃいけないとは思うんですけど、イザ誰かに頼まれたりすると、つい引き受けちゃうんです。
　結局損をするのは自分なんですけどね……。

(1) 事例17の設問(1)と同様に、このクライエントの話について、焦点の序列をつけて下さい。
- ☐ ① 自分のしたいことや思っていることが言えない
- ☐ ② 人の強さに押されるのかもしれない
- ☐ ③ 結局、いろいろと引きうけてしまう
- ☐ ④ 自分が勉強しようと思っていた科目のノートを貸してしまった
- ☐ ⑤ ノートを前日に返されて、成績がよくなかった
- ☐ ⑥ 押しつけられたり、頼まれたりするのは本当はいやだ
- ☐ ⑦ いやだと言えない
- ☐ ⑧ こんなふうに消極的じゃいけないと思う
- ☐ ⑨ 損をするのは自分だと思う

(2) 事例17の設問(2)と同様に、焦点づけに応じたクライエントへの応答を作って下さい。

_____
_____
_____
_____
_____
_____
_____
_____

©1986　日精研心理臨床センター（禁複製）

ワーク5　クライエントの心理

解説

　順位づけの例題をやってみて、どんなことに気がつきましたか。

　クライエントが否定的に語っていることと肯定的（希望など）に語っていることがありますが、否定的に語っている場合に、クライエントに否定的に思わせないようにするために、否定的に語っていることを低い序列にしたりしませんでしたか。

　クライエントが否定的に語っているか、肯定的に語っているかということだけで序列を考えると、大切なポイントを見失ってしまうということが起きてしまいます。

　事例18でいえば、個条書き⑧⑨のように、少し前向き（肯定的）に言っているからとすぐにそこにとびついてしまうとしたらどうでしょうか。クライエントは、そうしたいと思っていることは確かですが、「本当はいやだ」けれども「思っていることが言えない」とも言っています。クライエントが見つめなければならない所は、人に対して「思っていることを伝えて」それでつき合っていくことがどうして、どのように難しいのかを考えていくことなのだと思います。そして、カウンセラーの役割は、クライエントがそのことを考える過程を共に歩むことです。

　だとすれば、内心の本当の気持では「いやだ」と感じているのに引きうけてしまうということ、また、そうしてしまう自分にがっかりしているということを受けとめることから関わりは始まるのではないでしょうか。

　クライエントは揺れ（いやだと言いたい、だけど言えずに損をしてしまう、そういう自分ではいけないと思う）ているのです。その揺れを受けとめるような働きかけができれば、クライエントは自分の心の中を見つめていく勇気がもてるのではないでしょうか。

　クライエントの否定的な言葉に対して、カウンセラー自身が強くなりましょう。否定的な言葉だからその考え方はよくない、変えなければならないと急いで考えないでください。

　クライエントが否定的に語っていても、その裏にある計画や期待を見つけられるようにしてください（エクササイズ3−1参照）。そして、クライエントが語るたくさん（たいていの場合、クライエントは否定感に充ちていますから）の否定の言葉の中から、最も訴えたいことが見つけられるようになると、いい関わりができるようになると思います。

　ここでもうひとつ考えておきたいことは、自分の序列づけはどんな考えを中心になされているかということです。〈事実〉が中心か、クライエントの周囲の人への〈関心〉が中心か、クライエントの〈葛藤〉が中心かということを3つの事例を並べて調べ直してみてください。

　クライエントの〈感情〉についても、どんな〈感情〉が中心に捉えられているかという点も検討してください。そこから、自分の焦点のあて方の傾向が浮びあがってきますし、どんな点に主に関わっていこうとしているかもわかってきます。

　なお、参考までに別冊に解答例をあげてあります。自分の応答と比べてみて下さい。

◆　　　◆　　　◆

ワーク5 クライエントの理解

3 言い換え

　では次に、この焦点の序列づけ（順位づけ）の練習をふまえて〈言い換え〉の練習をして見ましょう。〈言い換え〉はワーク2（p34参照）で少し触れましたが、クライエントの〈感情〉や訴えていることの焦点づけによって、よりいっそうクライエントの内面（感情、思考、葛藤）を明確にしていく働きを指します。

　クライエントはいくつもの〈感情〉の間で〈葛藤〉の状態にあることが多いのですが、中心的な〈感情〉を受けとめてもらうことによって、より安心して自分を見つめやすくなります。

　エクササイズ5-5で練習した焦点の序列づけを土台にして、〈言い換え〉を練習してみましょう。

　エクササイズ5-5の序列づけでは、より大切なポイント、カウンセラーが中心的に関わっていきたいポイントを探すことがその意図でした。

　そのポイントを中心に置いて、クライエントの訴えをよりはっきりさせるために、<u>カウンセラーの言葉に置き直してフィードバックすること</u>が〈言い換え〉です。

　〈感情の反射〉では、クライエントが〈感情〉を表明している言葉の中からより中心的な〈感情〉をクライエントの言葉でフィードバックしたのですが、ここではクライエントの言葉から少しだけ離れて、カウンセラーの言葉で、クライエントがいわんとしていることをフィードバックするものです。

　ともあれ、<u>「焦点となる感情」を理解して、それをカウンセラーの言葉で言い直したり、クライエントが言いたい気持を明確にする</u>ようにしてください。

ワーク 5
クライエントの理解

エクササイズ●5-6

例題を読んで、まず〈感情の反射〉をしてみてください。次に、〈言い換え〉をしてみてください。

〔例題〕　男性　20才

　母は私が10歳の時、突然蒸発したのです。だいぶたってから両親は離婚したことを知らされました。母がいなくなって、父と弟と3人で寂しい思いをして暮らしました。私が中学生で弟が小学生だった頃に、弟も私も栄養失調でガリガリにやせ細ってしまいました。

　その頃は本当につらくて母をいつも恨んでいました。母がいなくなったせいで家の中には笑顔が消えてしまったんです。母は離婚後再婚して子どもまでいると聞いて、私たちが苦労しているのに、自分の幸せしか考えていないのかと思うと、何とも言いようのない気持ちでした。

　ところがなんです。一週間前に母からネクタイが送られてきたんです。それでどうしたものかと思いまして、毎日眠れない日が続いているんです。受け取ったものか、突き返そうか、自分でも自分の気持がよくわからなくなってしまって……。

〈感情の反射〉

_____
_____
_____
_____

〈言い換え〉

_____
_____
_____
_____

ワーク5 クライエントの理解

解説

例題で〈感情の反射〉をするとおよそ次のようになるでしょう。

・〈感情の反射〉お母さんから送られてきたネクタイを受け取ったものか、突き返したものか、自分で自分の気持ちがわからなくなってしまったんですね。

では、〈言い換え〉をしてみるとどうなるでしょうか。

・〈言い換え〉突然ネクタイが送られてきて、お母さんの気持を知って、ホッとした気持と今さらという気持とで混乱しているんですね。

〈感情の反射〉と〈言い換え〉の違いが少しわかりましたでしょうか。

〈感情の反射〉では、クライエントが言っている言葉を借りてクライエントの気持を伝え返すということにポイントがありますが、〈言い換え〉では、クライエントの話を聞いて「こうなのかな」というようにカウンセラーにキャッチされたクライエントの気持がカウンセラー自身の言葉に置きかえられて、伝えられています。

クライエントが迷っているのはどこだろうか、こんな気持からだろうか、とカウンセラーがつかんだことを伝えているわけです。

ここで大切なことは、いたずらにクライエントの気持を詮索することではないということです。むしろ、「クライエントはこんな気持なのだろうな」とカウンセラーにすなおに感じられたことをクライエントに伝えてみるということなのです。

◆　◆　◆

この〈言い換え〉の働きによって、クライエントは、カウンセラーが自分の話をどう受けとったかということがわかります。カウンセラーは自分の話をこんな風に感じたんだな、カウンセラーはこんな風に自分の話を理解したのだなということがわかるわけです。簡単に言えば、カウンセラーという人間に写ったクライエントの気持の伝達ということになるのです。

もうひとつここで大切なことは、〈言い換え〉にはカウンセラーの見解や判断が入りこんでくるということです。ですから、場合によっては、カウンセラーの感じ方、考え方そのものがつたえられているということも意味します。ネクタイを返した方がいいとか受けとるべきだとかといった感想や意見ほど強くはありませんが、カウンセラーの受けとり方にカウンセラーの人間性が反映されていると見ることができます。

カウンセラーの意見や感想が強くだされすぎると、クライエントはカウンセラーの感想や意見に目を向けはじめ、自分の気持ちを二の次にしてしまうことがおこり易くなりますので、注意が必要です。

ワーク 5 クライエントの理解

エクササイズ●5-7

　クライエントの気持に添った〈言い換え〉が大切だということをおさえながら、次の事例で〈言い換え〉の練習をしてみてください。

〔事例19〕　男性　37才　教師

　まったくお恥ずかしい話なので他ではこんな話はできないものですから……。といいますのは、息子が一人いるのですが「不登校」というんですか、学校に行きたがらず困っています。

　小学校の二年生です。一年生の時も少しそんな気配がありまして、その時は家内がなだめすかして連れて行って、まあ行くようになりました。しかし、今度は家内の手に負えなくなったようで、テコでも動かないようなんです、私も学校をやすんで一度じっくり話してみました。それで昼頃連れて行ったのです。まあその時は、風邪気味だったからということにして……。ところが次の日からまた行かないのです。色々と本などで調べまして、結局親がしっかりしないといけないとわかりまして、ところが家内がどうも弱いんですね、一人っ子のせいか、もともと溺愛風の所があって、そこん所をなんとかしないといけないと思うのですが、どうやったら息子をなんとかできるかと思いまして……、そうそう私も勤めを休むわけにはいきませんし、家内にしっかりしてもらわないことにはどうにも……。

〈言い換え〉

〔事例20〕　女性　31才　公務員

　私は親に縛られてきました。小さい頃から何をするにもいちいち指示され、禁止され、自分のしたいことを妨げられてきたのです。弟や妹は勝手に伸び伸びとやっているのに、自分だけがこんな風に育てられたと恨んでいます。大学に入る時も「私立には行かせない、仕事をして結婚しろ」と言われたのに、弟や妹は私立に黙って行かせたんです、私は国立大学を卒業して就職したので、この際と思い親元からはなれて一人で暮らしています。テニス、スキーなど色々やっているんですが、なんだか惨めで仕方ありません。

　父も母ももうすっかり年とったので今更愚痴や恨みを言ってもはじまらないし、自分の青春時代が取り返せる訳でもないのに、一人でいると、こんなに惨めな気持にしたのは両親のせいだとムラムラしてくるんです。私は太っているから恋人もできないし、仕事も面白くないし、人並みの幸せなんて私には手に入らないんです。

〈言い換え〉

〔事例21〕　男性　38才　会社員
　どうも仕事に張り合いが持てません。毎日結構仕事は忙しくしているのですが、最近はゆううつになってしまって時々休みたくなってしまいます。人間関係のこともあるかと思って部下を連れて飲みに行ったりしますがなんとなく敬遠されているような感じでうまくいきません。上司に一寸話しましたら「君は遊びがなさすぎる、何でもいいから趣味を持った方がいい」と言われ、成程そうだと思い当たりました。
　それで釣りや囲碁やゴルフなど色々とやってみるのですが、どれも長続きしません、もっと他に自分に合うのがないかと考えているのですが、うまくみつからないものですから……。仕事はまあ順調だし、家族だって平穏だしこれと言って悩む種はないようなものなんですが……。
〈言い換え〉

_____

_____

_____

〔事例22〕　主婦　30才
　どうやったら自分をコントロールできるようになるのでしょうか、私は子どもを叱りだすと止まらなくなってしまいます。子どものことを叱りすぎてはいけない、こんな風にくどくど叱ってはいけないと思いながら自分で自分のことをコントロールできなくなってしまうのです。主人にもよくそう言われます。「あんな言われ方したらオレだって参っちゃうぞ、相手は子どもなんだから……、お前は大人なんだからお前が自分を押さえなくちゃだめだ」と。主人の言う通りなのだと思います。
　私が自分をコントロールしなければいけないのだと思います。叱りだすと相手が子どもだと思えなくなってしまうようなんです。どのようにしたら自分をコントロールできるようになるのでしょう、教えて頂きたいのです。
〈言い換え〉

_____

_____

_____

_____

ワーク 5 クライエントの心理

解説

〈言い換え〉の感じがどのくらいつかめましたか。

事例19から22について、参考にあげた解答例（別冊）と自分でやってみた〈言い換え〉と比較、対照してください。

クライエントの言っていること、言わんとしていることをまとめたり、焦点づけたりするためには、カウンセラーとしての自分がどこに目をつけようとしているのかをまず明確にしなければなりません。

事例19では、奥さんが息子さんに甘いということを訴えたいようです。そして自分なりには色々と努力をしているということも訴えています。その両者をうまくまとめられるといいのかもしれません。別の表現での〈言い換え〉をしてみると：—

・自分だけが努力をしても限界がある、もっと奥さんに厳しくなってほしいという気持でしょうか。

・自分はしっかりしているのに、奥さんがなんとかしっかりしてくれなくては、という気持でしょうか。

などのように、焦点をもっと明確にしてみることもできるかもしれません。ただ、クライエントの訴えようとしている気持とあまりかけ離れてしまうと、クライエントは誤解されたと思って、それ以上語る気持にならなくなるかもしれません。

もっと色々な言い方があると思います。要はカウンセラーがどこをいちばん強く感じたかによって、フィードバックの焦点が決まってくるようです。ただ、クライエントの不安やイライラ、うまくいかなさなどは受けとめるようにしてください。

〈言い換え〉は、〈感情の反射〉よりもカウンセラーがもう一歩クライエントの内面に入りこんで理解しようとする姿勢の表現だということはわかっていただけたと思います。

◆　　　◆　　　◆

次のワーク6の"対話分析"で〈感情の反射〉や〈言い換え〉がどんな風に扱われているか、それがクライエント理解にどんな働きをしているのかをじっくりと見てください。また、ワーク7の劇画でも確かめることができると思います。〈言い換え〉は〈感情の反射〉とともに、カウンセリングの重要な技術のひとつです。

ワーク5 クライエントの理解

4　対話と沈黙

このエクササイズでは対話の中における「沈黙」について考えてみることにしましょう。

エクササイズ●5-8

　まずは、次の対話の中に見られる沈黙についてあなたの印象や感想を備考欄に記入してみてください。

〔逐語記録　4〕　（中学生　14歳　女性）
Cl. …クライエント　Co. …カウンセラー

やりとり	備考
Co.1　お母さんと一緒にお出でになったのですが，よかったら二人で少しの時間お話をうかがうことができますか？	
Cl.1　べつに・・・。	
Co.2　ああー、話したくない気持ちですか？	
Cl.2　べつに・・・。	
Co.3　今日はここまで来るのに大変でしたか？	
Cl.3　まあ・・ね・・・。	
Co.4　ごめんなさい，色々と質問ばかりして・・・	
Cl.4　・・・・・・・・・・	
Co.5　突然ここにきて，知らない人と話すのはいやだよね	
Cl.5　まあ，ね・・・。	
Co.6　ここにくることはいやでした？	
Cl.6　べつに・・・。	
Co.7　そうですか・・特にいやではなかったけど，今は戸惑っているのですね？	
Cl.7　べつに・・・。	
Co.8　それでは悪いけどもう少し質問してもいいですか？	
Cl.8　まあ，ね。	
Co.9　ありがとう	
Cl.9　・・・・	
Co.10　じゃ、尋ねたいのだけれど・・，この前の事件のことであなたが傷ついているのではとお母さんはとても心配しているようなのですが，あなたとしてはどんな感じですか？	
Cl.10　たいしたことない	
Co.11　ああ，そうですか，	
Cl.11　・・・・	
Co.12　どんな風にたいしたことないのか言えますか？	
Cl.12　べつに・・・なんともないから。	
Co.13　お母さんは食欲がないといっていたけれど・・・	
Cl.13　まあ，ね。	
Co.14　食欲が無いのですか？	
Cl.14　少し・・・。	
Co.15　じゃ、お母さんの心配は当たっているのですね・・	
Cl.15　でも，たいしたことない	
Co.16　ああ，そうですか，	
Cl.16　だから，もう帰ってもいいですか。	
Co.17　あなたとしてはたいしたことが無いから心配しないでもいいという・・・	
Cl.17　だって・・話しても仕方ないから・・・	

ワーク5

Co.18 お母さんを心配させるのはいいけれど，私もじつは事件のことが気になっていて，あなたとしてもこのままでは辛いだろうから・・・
Cl.18 まあ，ね。
Co.19 あなたとしたら，この先はどうしていくつもりでいるのですか？
Cl.19 べつに・・・
Co.20 カンニングしたと思われているのはいやになるよね
Cl.20 だからもう・・学校には行かないから・・・・
Co.21 ああ，そう，行かないようにしようと決めている・・
Cl.21 だって，そうでしょ？
Co.22 そうかもしれない・・・・
Cl.22 だれも分かってくれないし，・・・
Co.23 辛いよね・・・・・・・・・・・・・・
Cl.23 ・・・・・・・・・・・・・・・・
Co.24 ・・・・・・・・・・・・・・・・
Cl.24 あたし，してないもん
Co.25 そう・・・・・・・・・・・・・・・
Cl.25 だからもう・・学校には行かないから・・・・
Co.26 だれも分かってくれないから・・・・・・・・
Cl.26 ぜ～んぶ あきらめてる・・・・・・・・・・
Co.27 ぜ～んぶ あきらめてるの・・・・・・・・・

　沈黙には①否定的な沈黙、②肯定的な沈黙とがあることに気が付くと思います。
　課題：備考欄にそれぞれのクライエントの沈黙と思われる箇所に①もしくは②の記号を入れてみてください。

99　　　　©1986　日精研心理臨床センター（禁複製）

ワーク 5

次の逐語記録は前の対話の続きになっています。
前のエクササイズと同様にやり取りの中の「沈黙」に注意して考えてみてください。

エクササイズ●5-9

〔逐語記録 5〕 （中学生 14歳 女性）
Cl. …クライエント　Co. …カウンセラー

やりとり	備考
Co.1 この間お話した後どんなふうに過ごしていました？	
Cl.1 お母さんに心配かけたかなって思って・・・・	
Co.2 あぁー、お母さんのことが気になっていたの・・・	
Cl.2 お母さんはなんだか腫れ物に触るようにしていて，・・だけど，こんなとこ連れて来るよりも・・・・・・	
Co.3 来るよりも？・・・	
Cl.3 自分でちゃんと言えばいいのに・・	
Co.4 ごめんなさい，なにを言えばいいの？	
Cl.4 だから，心配しているって・・	
Co.5 お母さんからはっきりと，あなたのことを心配だといってほしかった・・・・	
Cl.5 まあ，ね・・・。	
Co.6 もし，そう言われたら？	
Cl.6 べつに・・・。	
Co.7 お母さんの心配に戸惑ったのですね？	
Cl.7 だって，家ではギャーギャー言ってばかりなのに・・	
Co.8 家ではうるさいくらいで，心配しているなんてわからなかった・・・	
Cl.8 心配しているんだか，怒っているんだか・・・	
Co.9 親ってそういうとこあるよね	
Cl.9 私，悪いことなんか何もしてないし・・・	
Co.10 そういっていたね。何もしてないって	
Cl.10 完全に濡れ衣なんだから・・・・	
Co.11 どうして，そんな目に遭ったのか心当りはあるの？	
Cl.11 わたし，言えない・・・・・・・・・・・	
Co.12 そう・・誰かをかばっているみたいだね	
Cl.12 ・・・・・・・・・・・・・・	
Co.13 言いつけるくらいなら・・・このままのほうが・・・	
Cl.13 まあ，ね。	
Co.14 それでもいいですか？	
Cl.14 少し・・・。	
Co.15 ・・・・・・・・・・・・・・	
Cl.15 ・・・・・・・・・・・・・・	
Co.16 ・・・・・・・・・・・・・・	
Cl.16 ・・・でも・・・・・・・	
Co.17 すこしは気になる・・・・・・・・・	
Cl.17 ・・・だって・・・・・	
Co.18 人のことを裏切りたくないのですね・・・	
Cl.18 まあ，ね。	
Co.19 その人のことを悪く言いたくないと思って・・・	
Cl.19 ・・卑怯者にはなりたくないし・・・	
Co.20 それはいやな気分になるからね・・・・	

Cl.20 だからもう・・学校には行かないから・・・・
Co.21 ああ，だから，そう決めている・・
Cl.21 だって，そうでしょ？
Co.22 そうかもしれない・・・・
Cl.22 ・・・でも少し，いやな気持ちが・・・
Co.23 辛いよね・・・・・・・・・・
Cl.23 ・・・・・・・・・・
Co.24 ・・・・・・・・・・
Cl.24 あたし，してないもん
Co.25 そう・・・・・
Cl.25 だからもう・・どうしていいか分からない・・・・
Co.26 困ったね・・・・・・・・
Cl.26 ぜ～んぶ　あきらめてる・・・・・・・・・・
Co.27 この間もぜ～んぶ　あきらめてるって言ってたね
Cl.27 どうしよう・・・・
Co.28 ・・困ったね・・・
Cl.28 ・・・・・・・・・・
Co.29 ・・・・・・・・・・
Cl.29 ・・・・・・・・・・
Co.30 ・・・・・・・・・・
Cl.30 でも，友達だし・・・・・・・・・・
Co.31 ・・・そう・・・・・・・・・・
Cl.31 ・・だからもう・・どうしていいか分からない・・・・
Co.32 ・・・困ったねぇ・・・・・・・
Cl.32 ・・今度，考えてくる
CO.33 今は，まだ，決心がつかないから・・・今度までに・・・・・・
　　　 そう・・

課題：備考欄にそれぞれのクライエントの沈黙と思われる箇所に①否定的な沈黙、②肯定的な沈黙に区別して①②の記号を入れてみてください。

ワーク5 クライエントの心理

解説

さて、対話の中に見られた「沈黙」についてどのような印象や感想を持ちましたでしょうか。

少し詳しく検討してみましょう。

まず、自分なりの判断で「否定的沈黙」「肯定的沈黙」と区分けしていただいたのですが、「否定的沈黙」には、『話したくない、話すと困ることがおきる、自分の混乱を知られたくない、深入りしたくない』などの感情があり、「肯定的沈黙」には、『迷っている、考えている、決断しようとしている、話した後の自分の気持ちを確かめている』などの様子が見て取れます。

つまり、「沈黙」と一言で言っても実に色々な感情や気持ちの状態がありそうだということになります。

ですからじつは「沈黙」とはいっても、何も語っていないわけではなくて、よくよく味わってみるとたくさんのことを語っているわけです。

ともすると、私たちは対話の中で「間」が空いたらどうしようとか、沈黙になったら相手に悪いなどと考えますが、カウンセリングの立場では沈黙は大切なメッセージであるととらえようとします。

一般的に「社交的な場」では「沈黙」や「間」は嫌われます。それは「しらける」とか「関心が無い」「話題が無い」ことを意味するからです。つまり、私たちの普通の会話においては「沈黙」とか「間」とかはどちらかといえば相手に対して失礼に当たるものなのです。

ですから、そういうこととして普段とらえてきたのですから、カウンセリングの場でも「沈黙」はいけないと判断してしまうことがあります。しかし、真剣な対話の場合にはむしろ逆に「間」や「沈黙」がないと「上滑りな」「真実味の無い」「話を軽くする」「相手の思考を邪魔する」ことになってしまいます。

では、カウンセリングではいつでもどのような「沈黙」でも大切にするかといえば、これまた、そうとも言い切れないものです。

①のような「否定的な沈黙」は話す気持ちが無いとか、自分を守るとかということを示しているので、それでは対話ができないので、「話したくない気持ち」を汲みつつもできるだけ破っていくほうがいいこともあるのです。

ただし、②のように「肯定的な沈黙」の場合には、考えている、決心しようとしている、迷っているなどの気持ちでいるのであれば、待っていた方が言いといえます。

ですから、一言でいえば、ある程度見極めていく必要があるということになります。

「傷が大きい」「いやいや連れられてきた」「責任の追求を免れたい」「罰を受けることを恐れている」「問題意識が無い」などのような感じでいるときにはたいてい「否定的」な状態でここにいることが多いものです。

エクササイズの事例のように「中学生」などは特に難しいことが多いようです。

辛抱強く、温かく、関心があることを伝えつつ、そして「自発的」に言い出したら「待つ」「支える」「受け止める」ことが肝要でしょう。

もう一度事例に戻ってみると、最初の対話では「辛いことに触れたくない」「人から触れられたくない」「思い出したくない」「言ってみてもどうにもならない」「学校に行かないことを反対されたくない」などの気持ちからできるだけ話に乗らないようにしようとする姿勢がうかがえます。しかし、後の対話では徐々に自分の気持ちを語りながらも時々危なくなると防御しつつ、それでも、「揺れている気持ち」「不安な気持ち」などに向き合いつつ対話に臨んでいる様子が見えてくるようです。

「話させよう」とし過ぎないで、話しやすくすること、気持ち受け止めていくことが大切であることがこれらの対話の記録からも理解していただけることと思います。

ワーク6 クライエントとカウンセラーの対話分析

1. 促進的対話と非促進的対話
   エクササイズ●6−1
2. より促進的な応答の仕方
   エクササイズ●6−2
3. 対話のプロセスレッスン
   エクササイズ●6−3

　カウンセリングは、クライエントとカウンセラーとで作りだす相互関係の中で進んでいきます。このことは、ワーク7の劇画にあらわれているカウンセリングの展開の様子やワーク5のカウンセラーの関わりのエクササイズなどを通して、イメージとしてつかむことができたと思います。

　これまでのワークでは、この相互関係を、クライエントの側とカウンセラーの側とにわけて検討してきましたが、このワークブックの総まとめの意味から、相互関係そのものを、相互関係の働きを具体的にあらわしているクライエントとカウンセラーの対話をとりあげて、検討してみます。

　クライエントの訴えがカウンセラーによってどのようにうけとめられ、カウンセラーはそれをどのようにクライエントにフィードバックしているかなど、カウンセラーのさまざまな働きかけがクライエントの感情の開示や自己理解の進展をどのように促進しているか、あるいは、阻害しているか、それはどうしてかなどを検討するのがこのワークのねらいです。

　ここで検討する対話の資料は、実際のカウンセリングでの対話をテープレコーダーに記録し、文字におこし、プライバシー守るための必要な修正を加えた対話の記録です。

　＊対話のやりかたをそれぞれの人の発言がわかるように分けて書いた記録で、それぞれの人の発言そのままに書かれているものを〈逐語記録〉と呼んでいます。
　　逐語記録を基にした学習を〈逐語記録分析〉あるいは〈逐語記録による研究〉などと呼び、やりとりの方向、意図、意味などを経過を追って具体的に、詳細に検討できるので、カウンセリングの学習でよく用いられる研究法です。

ワーク6 クライエントとカウンセラーの対話分析

エクササイズ●6-1

1 促進的対話と非促進的対話

次に2つの逐語記録があげられています。右側の備考欄にコメントが付してあります。コメントは後回しにして、それぞれの逐語記録を、まず、じっくり読んで下さい。

クライエントの話の要約、訴え、感情の反射、焦点づけ、明確化など、これまで学習してきたことを思い返して、それらがどこで、どんなふうに用いられ、どんな働きをしているか、確かめながら読んで下さい。

このようにしてそれぞれの逐語記録を読み終わったら、設問に答えて下さい。次にコメントを参考にしながら、再び読み返して下さい。

〔逐語記録 1〕 (男性 20才)
Cl. …クライエント　Co. …カウンセラー

やりとり	備考
Cl.1 今の仕事はとてもやっていけないので、辞めて郷里へ帰ろうかどうしようか、迷ってるんです。	
Co.1 そうですか。郷里へ帰るのはいいけれど、何か仕事がありますか。	明確にするというより、混乱させる質問。性急
Cl.2 いや、やっぱりいい仕事はないと思います。	
Co.2 そうでしょうね。それなら今の所がいいと思いますよ。	Cl.が迷っていることに軽率に反応しすぎる。
Cl.3 今のままがまんしたほうがいいと思いますか。	
Co.3 いや、私が言いたいのは、まず食べていかなきゃいけないってことですよ。まあ、そのためには、多少のがまんもしなければならないこともあるでしょうが…。	Cl.の迷いとかみ合っていない。言い逃れの反応
Cl.4 他の会社を探してみようかどうしようかとも考えているんですよ。今よりはマシな所があると思うから。	
Co.4 それはそうですね。それなりの仕事はありますからね。求人雑誌などを見たんでしょう？	性急な反応。表面的な情報収集。Cl.は新しい仕事を探しているというより、今の不満を主に述べている
Cl.5 時々見るんですが、よくわからないんです。どれも似たりよったりの気がして。	
Co.5 そりゃ、仕事ってどこか似たりよったりでしょうね。そういう面てありますよ。ところで今はどんな仕事をしているんでしょうか。	表面的な反応。Co.は自分の知っていることを矢継ぎ早やに述べたてているという印象。「ところで…」以下の質問はもっと以前になされていてもよかったかもしれない。Cl.の状況に関心をかたむけているという姿勢が伝えられたかもしれない

ワーク6 クライエントとカウンセラーの対話分析

エクササイズ●6-1

Cl.6	小さなパン屋に勤めているんですが、社長は新しい機械を入れる気が全然ないんです。だからいつまでも、古い型の機械で、手間ばかりかかるし、ダメですよ、今のままじゃ。	
Co.6	その種の機械は目ざましく進歩しているようですね。新しい商品などが普及して、小さいパン屋は苦労しているって聞いてますよ。	Cl.の気持をくじく結果になってしまう。Co.の知ったかぶりを伝えるだけ
Cl.7	もうあきらめて、何でもいいから別の仕事を探してみます。	
Co.7	あなたは手に技術があるんだから、きっといい仕事が見つかりますよ。	軽率な励まし、Cl.があきらめたと言ったので、Co.はあわてた反応
Cl.8	食品関係の所で仕事ができるとほんとうはいいんですが…。これまでの経験も活かせそうだし。	
Co.8	食品業界はなかなか大変ですよ。あなたの思っているように仕事ができるかどうか、私の知っている人など、いつもボヤいてますよ。あなたはコネが何かありますか。	Cl.がやりたいことを言うと、Co.が水をさしてくじく、前と同じパターン。これらは、Co.があまりに優位に立とうとしすぎたことに起因
Cl.9	いえ、ないんです。食品業界は大変なんでしょうか。	
Co.9	いえ、そうでもないと思いますよ。	これも軽々しい励まし
Cl.10	私にもやれますかねえ。	
Co.10	さあー、それは…。あなたのことをまだよく知らないし、何とも言えませんね。	おざなりな反応。
Cl.11	そうですね。どうもありがとうございました。もう少し雑誌などで調べてみることにします。	Cl.も身を入れた話をしなくなっている
Co.11	それがいいですよ。あわてるのはよくありません。また失敗するといけませんからね。	Cl.は個人的なことについて話し合うのをあきらめて、話を引きとろうとしている。Co.は気楽な反応で優位を得たまま終わろうとしている。
Cl.12	はい、いろいろとありがとうございました。	
Co.12	いいえ、困ったらいつでもいらっしゃいね。	Co.に感謝を言うことでCo.の優位さをCl.が保証し、Co.は自分が役立ったと誤解している

ワーク6 クライエントとカウンセラーの対話分析

エクササイズ●6-1

〔逐語記録　2〕　（男性　20才）
Cl. …クライエント　Co. …カウンセラー

やりとり	備考
Cl.1　今の仕事はとてもやっていけないので、辞めて、郷里へ帰ろうかどうしようか、迷ってるんです。	
Co.1　そうですか。もう少し、そう思われる事情を話してみてくれませんか。	もっとくわしく個人的な立場、感情を表現するように促進
Cl.2　小さいパン屋に勤めているんですが、社長は新しい機械を入れる気が全然ないんですよ。いつまでも、手間のかかる古い型でやっていてはダメだと思うんですよ。私の言うことなど取りあってもくれないんですから。	
Co.2　社長さんのやり方に不満があるんですね、あなたの意見もきいてくれないし。	Cl.の表明していることの中心的テーマについて要約し、伝達
Cl.3　今が境い目だと思うのですよ、新しい商品作りに挑戦するか、つぶれるか。	
Co.3　それはあなた自身のことですか、会社のことですか。	不明確な情報を明確化する質問。Co.は関心をもって聞いているということが伝達される
Cl.4　え、まあ、会社のことです。今は技術は目ざましく進歩しているんです。いつまでも古いままやっていてはダメだと思うんです。せいぜい菓子パンか食パンですからねえ。	
Co.4　会社が今のままではなく、もっと新しいことに挑戦してほしいという期待があるんですね。	Cl.が表明している話から、感情、欲求、動機の傾向を明確化しようとしている。それによってCl.は、自分の伝えたい内容に含まれた自分の個人的な欲求、意志を明確にできる
Cl.5　ええ、でも無理なんです。わかってるんです。それに、本当は辞めて郷里に帰ることもできはしないんです。	
Co.5　そうですか。どちらもむずかしいのですか。	表明された感情を了解し、伝達しようとしている。Cl.は内省を始めている

ワーク6 クライエントとカウンセラーの対話分析

エクササイズ●6-1

Cl. 6	高校の先生が頼んで入れてくれた会社だし、3年はがまんしろって、先生にも言われているし…。	
Co. 6	そうですか。先生に言われたことを守りたい気持もあるのですね。	Cl.の欲求や動機のもうひとつの側面が浮かび上がってきている この2つの面がCl.を揺さぶっているかもしれない
Cl. 7	でも、今の所では、毎日、こんなことをしていて何になるんだろうって気がしてくるんです。仕事に慣れるとだれでもこうなるって先生に言われたことを思い出すけど、そうなのかなあ。	
Co. 7	仕事に慣れてきたからなのか、あなたの意欲からなのか、少なくとも現状に不満を感じているのでしょうね。	Cl.の反問に応答しようとする。前のことも含めて伝達している
Cl. 8	いや、どちらもあると思うのですが、自分では、もっと会社が前進してほしいって気持が強いんです。	
Co. 8	そのことをはっきりと私に伝えていると思いますよ。それで、あなたとしてはどこへ進んで行ったらいいんでしょうね。	Cl.が自分の言っていることをもっと明確にするために、提案をしている。Cl.の前進という言葉に触発されているのかもしれない
Cl. 9	ちゃんと会社の皆と話し合えるといいんですがね、どうも皆いい加減な人たちばかりだから…	
Co. 9	あなたには会社の人たちはいい加減に見えてそれで話し合う意欲を失ってしまうんですね。	Cl.の新しい状況を明らかにしようとしている
Cl. 10	いや、この間、少し、自分のさっきのような意見を皆に言ってみたんですよ。そうしたら皆は、「お前が若いんだから、ちゃんとどこかで勉強してこい。そしたら、皆で応援してやる」なんて、私に押しつけるだけなんだから。	
Co. 10	あなたとしては、皆にとり合ってもらえなかった気がしたんでしょうね。	Cl.の感情を了解したということの伝達
Cl. 11	ええ、そうです。放っぽり出されたみたいに思いましたよ。それで、気持のやり場がなくなったから、ここへ話に来たんです。	
Co. 11	そうお感じになったというのはよくわかりました。ところで、あなたは本当にどこかで勉強したいって気持はどうですか。	Cl.の感情に対する了解と支持。Cl.の話の中へ一歩入りこんで、更に明確にしようとする提案

108　　　©1986　日精研心理臨床センター（禁複製）

ワーク6 クライエントとカウンセラーの対話分析

エクササイズ●6-1

Cl. 12	ええ、あるにはあるんですが…。私はえらそうに言っていますが、本当のところ、ちょっと自信がなくて…	
Co. 12	こうあったらいいということと、自分にできることに少しギャップがありそうなのですね。	Cl. の話の中へ一歩入りこんで、更に明確にしようとする提案
Cl. 13	ええ、だから皆につき放されたように感じたのかもしれませんね。	
Co. 13	あなたは正直な自分の心を知っている人だと思いますよ。今おっしゃったこと、一緒にもう少し考えてみませんか。	Cl. への支持の表明。継続来談への動機づけとその提案
Cl. 14	そうですね。もう少し自分の気持や考えをはっきりさせたいです。	

ワーク 6
クライエントとカウンセラーの対話分析

エクササイズ●6-1

〔設問〕
　〔1〕と〔2〕の2つの逐語記録を読み比べ、どんな点がちがっていたでしょうか。気づいた点をあげて下さい。

①

②

③

④

⑤

ワーク6 クライエントとカウンセラーの対話分析

解説

　どんなカウンセリングをめざしたらいいかという時に、こうした対比をすることによって、イメージや具体的関わりが明確になっていくのではないでしょうか。
　逐語記録(1)のカウンセラーの態度がいいものだと感じられないとしたら、どういう点でそう思えるのかということを考えてみましょう。

　クライエントは、不満、不安と恐れ、期待という心をもってカウンセラーのところへ相談にきます。カウンセラーに向けられるクライエントの不安や期待は、自分を丁寧に扱ってほしい、ちゃんと理解し受けとめてほしい、自分の立場を尊重してほしいといったことだと思います。
　この視点に立ってみると、逐語記録(1)のカウンセラーは、クライエントより優位に立とうとするあまり、クライエントの立場を尊重せずに、丁寧にも扱わず、ほとんど理解しようとしていないことに気がつきます。
　誰かが相談にやってくると、私たちはつい偉くなったような気持になって、上から相手を見下ろして説教調になったり、こっちの言うことを聞け！という姿勢になりがちです。
　これまでの学習の中で、クライエントをもっと理解しよう、クライエント自身が自分を見つめられるようにいいフィードバックをしていこうということを学んできたわけですから、それらを活かして話合いをすすめるとしたら、おそらく逐語記録(2)の方に近いやりとりになるのではないでしょうか。
　"自分ならこう言ってみる"ということを念頭におきながら、逐語記録を読み返してみて下さい。完全無欠なやりとりはありませんから、正解を見つけるというのではなく、"このやりとりで、カウンセラーは何を大切にしようとしているのか？""カウンセラーはどんな方向に話合いを進めていこうとしているのか？"といった視点で対比させながら検討して下さい。

ワーク6 クライエントとカウンセラーの対話分析

エクササイズ●6−2

2 より促進的な応答の仕方

次に、別の逐語記録を2つあげます。2つとも失敗例です。それぞれの逐語記録を読み、あとの設問に答えて下さい。

次の2つの対話のどこが、どのように失敗しているのか、その原因として考えられることは何かを、考えてみましょう。

〔逐語記録 3〕 （女子　中学3年生）
Cl. …クライエント　Co. …カウンセラー

やりとり	備　考
Cl.1　あのー、友だちのことですけど…、いいですか。	
Co.1　はい、ええ。	
Cl.2　いじめられるんです。ひどいんです…。ずうっと仲良かったのに、2学期に入ってから急に他のグループに入っちゃって、そのグループ、ちょっと悪っぽいんです。そいで、そのグループの人といつも一緒にいるようになって、そいで、その人たちと一緒に、私のこといじめるようになったんです。それで、とてもショックで…	
Co.2　そぉー、どんなふうにいじめるの？	
Cl.3　だって、靴かくしたりとか、私の机からノート取っちゃってゴミ箱に入れたりとか、はじめのうちはそんなんだったんです。	
Co.3　だんだんひどくなった？	
Cl.4　最近はもうメチャクチャ。「きたない、あっち行け」とか、シカトしたりして。その子のグループ、クラスで強いから、皆も乗っちゃったりして、先生も知っているふうなんだけど関係ないって顔してて…。それでもう、学校なんか行きたくないんです。	
Co.4　先生に言ってもだめそうなの？	
Cl.5　だって、そんなことしたら、殺されちゃう、ひどい目にあっちゃう。かえってすごいんだから。前にも他の子がそのグループにやられて先生に言ったら、先生にチクったって、もっと徹底的にシカトされて、その子もういつも泣いてたし。だから、そんなことだめです、絶対。だから、どうしたらいいですか。	
Co.5　じゃ、お父さんとかお母さんに、いじめられてるって相談してみた？	
Cl.6　だって関係ないもん、お母さんたちは。学校でいじめられるって言ったって、どうしようもないでしょ。	

Co. 6	少しはあなたの気持わかってくれると思うよ。
Cl. 7	わかってくれるのはいいけど、どうしたらいじめられないか、知りたい。何かいい方法はないですか。
Co. 7	うーん、今いちばん考えられるのは、先生に言うか、その仲良かった友だちに2人きりで会って、やめてくれないかって頼んでみるとかだねー。
Cl. 8	2人で会うんですかー。だめだと思うよ…。私が声かけても知らんぷりしてるんだもん。だめだよ、そんなの
Co. 8	だめだって決めつけたら、解決しないと思うよ。ぶつかってみなくちゃ。だって、昔は仲良かったんでしょ。昔一緒にいて楽しかったことなんか話したりしてさ。そしたら、また戻るかもしれないじゃない？昔みたいに。その子だって今のグループにいたくないのかもしれないじゃない。だって、仲良かった子をいじわるするのっていい気持しないでしょ。だから、その子も内心では困ったな、こんなことしたくないなって思ってるかもしれないよ。
Cl. 9	そうでしょうか？
Co. 9	そうだよ、きっと。確かめてごらんよ。その子も他の子と一緒にいるととめられないのかもしれないよ。だから、あなたが1対1で話合おうって真剣にたのんだら、チャンスじゃない？
Cl. 10	そうだけど…
Co. 10	そうでしょ。だからね、先生に言ったりするより、勇気を出してその子にぶつかってごらんよ。うまくいくよ、きっと。
Cl. 11	前にその子に手紙を書いたことあったんです。
Co. 11	あ、そう。それで何と言ってきたの、その子は？
Cl. 12	「あんたなんかツンツンしてるから嫌いだよ」って書いて、それだけ書いた返事がきたんです。またやっても同じだと思います。
Co. 12	それはいつ頃？
Cl. 13	だいぶ前、3ヶ月位前。
Co. 13	そう、それじゃずい分時間が経っているからその子の気持変っているかもしれないじゃないの？仲良くなりたいんでしょ？
Cl. 14	そうでもない、ずい分いじめられちゃったし。だってもう受験だから、いろいろむこうも、こっちも大変だし、ただ、いじめるのをやめてほしいの。
Co. 14	そうかー。

ワーク 6
クライエントとカウンセラーの対話分析

〔設問1〕
(1) この対話のどんなところが失敗だと思いますか。思いつく点を箇条書きにして下さい。

_____
_____
_____
_____
_____
_____
_____
_____
_____
_____
_____
_____
_____

(2) 次のイからホまでの質問について、逐語記録の右側の備考欄の該当する個所にあなたの答を記入して下さい。

(イ) 仲の良かった友だちから急にいじめるようになったショックをうけとめるために、対話のどの個所でどんな言葉を返したらいいでしょうか

(ロ) 仲の良かった友だちから、いじめられるようになったことの他にも、クライエントは辛い気持を訴えています。どんな気持を対話のどの辺で訴えていますか。また、その気持をうけとめる言葉を返すとしたら、どんなふうに言いますか。

(ハ) クライエントはこれまでに試みてみたこと、やれそうだと考えていることを語っています。この気持をカウンセラーが理解し、うけとめたということを返すとしたら、対話のどの部分で、どんな言葉をかけたらいいでしょうか。

(ニ) カウンセラーがひとり合点したり、独断で話を進めてから回りしたりしないためには、対話のどの辺で、どんなことをしたらいいでしょうか。

(ホ) その他、ここをこうしたらよいと思うところがあったら、気がついたことをメモし、促進的な応答を作ってみて下さい。

ワーク6 クライエントとカウンセラーの対話分析

エクササイズ●6-2

〔逐語記録　4〕　（会社員　女性）
Cl. …クライエント　Co. …カウンセラー

やりとり	備考
Co.1　どんなことで困っていらっしゃるんですか。	
Cl.1　職場のことなんですが、先輩でワンマンな人がいて、閉口しているんです。自分勝手に仕事の段取りをきめて、押しつけてくるんです、皆困ってるんです。人の考えなどは全く無視して、その人の言う通りにやれないとひどく当たり散らすんです。	
Co.2　ああー、そういう人っていますよねえ、そういう自分勝手な人が。	
Cl.2　この間なんか、会議の資料が揃っていなくてあわてて1時間位前に佐藤さんが言いつけられたんです。あのー、同僚ですけど。とても1時間位では間に合いそうもない資料だったんです。それで、少し遅れて、おそるおそる会議室に持っていったら、「ご苦労さん」って言ってほしいわけじゃないけど、逆に「何モタモタしてんのよ」と皆の前で、さも佐藤さんの失敗のように、聞こえよがしに言うんです。資料を用意するなんて、誰も知らなかったんですから。無理なんですよ。そんなこと。あとで佐藤さんはすごく泣いて、くやしがっていて、私たちも、いつも吉田さんは、先輩の方ですけど、フェアじゃないって言ってるんです。	
Co.3　あー、それはひどいですねー。その先輩の方全然自分のせいじゃないと思っているんですねー。困りますよね、そういう人は。いつでも自分が正しい顔していて。でも、そういう人に限って、結構仕事はできたりして、評価をうけたりするから、本人増々自信をもったりして。	
Cl.3　ええ、まあ、でも、その人仕事が粗いんです。何のために何の仕事をしているのか、全然わからないんです。はたでみていて、いつも考えていることを説明してくれないんですね。誰かがいい案を出したりすると、それを横どりするように、自分がずっと前から考えていたんだとか、自分が前にその人に教えたからできた考えだとか言ったりするんです。	
Co.4　はあー、なるほどね。さも自分の手柄だというふうにするんですよね。ひとり職場にそういう人がいると、皆仕事をやる気なくしたりしませんか。	
Cl.4　そりゃ、もう、何をやっても、何を言ってもムダだ、吉田さんばかり引き立ててるみたいだとか言って。でも、仕方ないんですよね、その人怒らせるとこわいから。人を非難する時本当に堂々と正義は我にありって感じで、相手にすみませんて5回位言わせるまで徹底してるって感じなんですから。	

ワーク 6
クライエントとカウンセラーの対話分析

エクササイズ●6-2

Co. 5　私の職場経験でも、何人もそういう人見ましたよ。あきらめるしか手がないですよ、全くひどい話ですよ。上役の人も、そういう人のことは見て見ぬふりをしたりしてね。困るのは下の者なんですよね。「チームで仲良くやれ」なんて一方的に言われたりしてね。

Cl. 5　やっぱり無理でしょうねえ。でも、あきらめるたって毎日のことだから、私も最近は職場に行く気もしなくなってきて、でも、吉田さんに何て言われるかって考えて、まあいいや、行くかって腰を上げるんですよね。もう、だれのために働いているんだかっていう気持になってくるんです。それで1ヶ月前に1人、女の子が辞めたんですね。その人くわしくは言わなかったけど、弱いところある子だったし、その辞めるちょっと前に吉田さんにひどいこと言われたんです。「そんなんなら辞めた方がいいんじゃない」って。それで辞めた後、吉田さんの顔見てたんですけど、普通だったら、自分のひと言がきつかったかなとかショックをうけたりすると思うんです。ところが全然平気なんです。「何か人に言えない事情があったんでしょう」って言ってるんです。その神経見てて、もう私の方がカッカとなっちゃって「何よ、あんたのせいでしょ！」って言いたかったんですけど、皆にとめられて、でもその顔見ていると、シャクで、シャクで…。

Co. 6　その人は相当なベテランなんですか。その人の自信というか、神経の太いのはどこからきてるんでしょうねえ。

Cl. 6　いえ、全くわかりません。わかりたくもありません。

Co. 7　いや、冷静に研究した方がいいですよ。あなただって会社に行くのが嫌になる位なんだからね。これはもうちゃんと対処していかないと、あなたの神経がやられてしまいますよ。

Cl. 7　そりゃまあ、そうなんですが…、だから、どうしたらいいかと…。

Co. 8　それでね、その人の弱味とか何かを皆で話し合ったりしてね。

Cl. 8　ええ、そうですね。でも吉田さんは山アラシなんです。

Co. 9　何ですか、それ？

Cl. 9　ええ、だから、ちいっとでも弱い所に触れるとバアッーとトゲを逆立てるから、うっかり触れないっていうんで、そういうあだ名がついてるんです。

Co. 10　じゃ、手が出せないってわけですか。それじゃ、とにかく、あなた自身がもう少しその人と距離をもって、波風の当らない所にいるって位しか、手がないですかねえ。

ワーク 6
クライエントとカウンセラーの対話分析

エクササイズ●6-2

〔設問2〕
(1) この対話のどんなところが失敗だと思いますか。思いつく点を箇条書きにして下さい。

_____
_____
_____
_____
_____
_____
_____
_____
_____
_____
_____
_____
_____
_____
_____
_____

〔設問2〕
(2) クライエントによりよい働きかけをするにはどうしたらよいのでしょうか。次にあげたイからニの各点について、あなたの考えを逐語記録の備考欄の該当する個所に記入して下さい。
　イ．クライエントがカタルシス（37ページ）を得られるように話をうけとめるためには、対話のどこで、どんな言葉をかけたらいいでしょうか。
　ロ．クライエントの辛い気持を受けとめ、クライエントが自分の気持ちを見つめることを促すためには、対話のどの辺で、どんな言葉を返したらいいでしょうか。
　ハ．クライエントがなぜここにきて、どんなことを訴えたいかをもっと理解できるようにするためには、対話のどの辺で、どんな応答をしたらいいでしょうか。
　ニ．その他、こうしたらもっと促進的対応ができると思われる点を探し出し、そこでどんな対応をするか、この事例のカウンセラーになったつもりで、考えてみて下さい。

ワーク6 クライエントとカウンセラーの対話分析

解説

　逐語記録〔3〕、〔4〕とも、陥りやすい失敗例です。どんなところが失敗に結びついたところだったでしょうか。

　逐語記録〔3〕、〔4〕のそれぞれについて、解答例（別冊参照）のような点が失敗に結びついたところと考えられます。この他にもあるでしょう。自分の検討したところと比べてみて下さい。

　そこで次は、どうすればよかったのかということです。失敗に結びついたと考えられる点として参考にあげたものを通読してみると、ひとつの共通した傾向に気づくと思います。それはカウンセラーが急ぎすぎているということです。解答例の逐語記録〔3〕の⑩「早く問題を解決しようとあせりすぎて、クライエントのことをもっと知ろうとしていないしクライエントの内面化をすすめていない」、また、逐語記録〔4〕の⑦「問題解決を急ぎすぎて、クライエントの辛い気持につき合っていない」に結論的に要約されているように、カウンセラーは自分の準拠枠に立って、助言や解決策を出そうとしすぎています。カウンセラーの善意や援助の気持は分かるのですが、それがかえって、クライエントに反発やあきらめを生じさせるというお互いに不幸な結果になっています。

　その意味では、いわゆる"相談助言"のパターンになってしまっています。カウンセラーは、クライエントが自分の内面をみつめ、探ることを援助するのが主な目的ですから、カウンセラーは、むしろ、揺れたり、迷ったり、焦ったりするクライエントをとどまらせ、ひきもどし、じっくりと自分の気持をみつめさせるようにすべきなのです。

　そのために、できるだけ、問題となっている事態の中で、クライエントが味わった感情（過去の感情）とカウンセラーと話しているときの感情（現在の感情）の両方の感情に焦点をあて、要約、感情の反射、言い換えを用いながら、内面を探るクライエントの作業を手伝っていくようにしなければなりません。

　こうした視点をふまえて参考のために、設問についての解答例をあげてあります。解答例と自分の解答を比べて、考えてみましょう。

◆　　◆　　◆

ワーク6 クライエントとカウンセラーの対話分析

解説

　逐語記録〔3〕では、仲の良かった友だちからの"いじめ"という苦境を理解し、支えることを通して、クライエントがどうしていこうかという自分なりの道が見い出せるようになるまでとに角つき合っていくこと、その時間の流れこそが重要になるのです。

　その苦痛、窮状を誰にもわかって貰えず、カウンセラーもわかろうとしなかったので、クライエントはCl.7で「どうしたらいじめられないか知りたい、何かいい方法はないですか。」と言うことになったのではないでしょうか。ですから、このCl.7の発言を「方法を知りたがっている」というように理解してしまうのは、軽率といえるでしょう。勿論「方法」も大切なのかもしれませんが、苦境に立ち向かっていく「勇気」をもつことの方がもっと大切かもしれません。

　このことは逐語記録〔4〕の女性にも当てはまるように思います。彼女は吉田さんの悪口を言いに来たのでしょうか？やりきれなさ、縛られている不自由さ、自分を認めて貰えないいらだちなどの背景には、このクライエントの「自分を大切にしたい」「大切にして欲しい」「皆がお互いに認めあえるような関係を作りたい」と願っている様子がうかんできます。

　クライエントはまだ興奮し、苛立ちの中にいて混乱し、自分が求めているものをうまくキャッチできないのかもしれません。しかし、自分なりに自分の道を見つけていけるのは、自分の気持を明確につかむことができた時ではないでしょうか。

　カウンセリングは、カウンセラーにとっては、ある意味では耐えることだともいえます。それは、言いたいことを言わないで我慢することとはちがいます。それはクライエントの時間の流れの中で生きようと努力するということです。時間の流れ方は人によってみなちがいます。それぞれ、その人なりの時間の流れの中で生きています。自分の準拠枠からみれば、相手のそれは非能率的で、非生産的であるかもしれません。しかし、たとえそうであったとしても、そのことを指摘してもクライエントの問題解決には何の役にも立ちません。真の問題解決は、クライエントが新しい生き方を見つけ出し、歩き出すことです。

◆　　　◆　　　◆

　さて、逐語記録にしてみると、カウンセラーとクライエントとの関わりの過程が具体的に見えるようになります。

　このような逐語記録を使った学習によって関わりの過程で「何が起こっているか」「カウンセラーは何を考え、どうしようとしているか」といったことが明らかに見えるものになってきます。また、自分の目指すカウンセリングにどうしたら近づけるかが問われてくることにもなります。

　対話をテープにとったり、逐語記録にしてみる学習はたくさんのことを教えてくれますので、カウンセリングの学習では大切な方法とされています。テープや逐語記録は他の人に見せたり、聞いて貰えたりできますから、それを見たり、聞いた人からフィードバックして貰うこともできますし、一緒に考えてもらうこともできます。ぜひ、自分でも試みてください。

　ただし、クライエントのプライバシーの保護が十分に配慮されないと、クライエントを傷つけ、不信感を抱かせてしまいます。逐語記録研究に限らず、カウンセリングの学習は、カウンセラーのためである以前に、クライエントを尊重し、クライエントに役立つためであることを忘れてはなりません。

3 対話のプロセスレッスン

　これまでの学習をふり返ってみると、「焦点付け」「感情の反射」「言い換え」「質問」などいくつもの技法が用いられてきたこと、さらにはスムースにクライエントを支えるための考え方などについて考えてきましたが、最後に対話を用いて、その途中からですがここでは「こういって見ましょう」「こんな関わり方をやってみましょう」というような練習として総合練習に取り組んでいただきましょう。
　以下の対話記録の「空欄の指示」に従って自分の反応を記入してみてください。

◆　　◆　　◆

　この「プロセスレッスン」のエクササイズはこれまでの学習の総合練習だと思って取り組んでみてください。

ワーク6 クライエントとカウンセラーの対話分析

エクササイズ●6-3

〔逐語記録 5〕
Cl. …クライエント　Co. …カウンセラー

やりとり

Co.1　どんなことでおいでになりましたか。
Cl.1　じつは・・話を聞いてもらおうと思っていたんですけど・・・でも・もういいんです。時間を予約したからそれだけ言おうと思って・・・いや, いいんです。
Co.2　ああ、そうなんですか・・・もう・話をしなくてもいいかなって・・
Cl.2　ええ・まあ・話してもしょうがないですから・・
Co.3　ああ・そうですか…解決したということではなくて・・・
Cl.3　解決するようなことではないですから・・
Co.4　はあー、それは・ごめんなさい……でも・・それを抱え続けていくのは大変ではないのですか？
Cl.4　まだ・・抱えてはいないし・・
Co.5　そうですか・それはこれからのことなんですね・・
Cl.5　・・というか・・これはずっと・・長いと思うし・・
Co.6　そのことを・覚悟しなくちゃという…感じで・・
Cl.6　ええまあ・・だから・・自分で何とかするしかないから・・
Co.7　・・そう・残念ですが・・大抵のことは自分で何とかするしかないですからね・・
Cl.7　ただ・・意見だけは・聞いてみてもいいかなって・・・
Co.8　とりあえず、誰かの意見だけは聞いて・・それから先は自分で・・
Cl.8　ええ・まあ・ちょっと聞いてもいいですか？・・（ええ）、母親が再婚したいって言ってきて・・小学生の時に父親と別れてから、ずっと母親が・ずっと頑張って、僕を育ててきて・・僕も早く一人前になって・母親を助けなくちゃと・ずっと思ってきて・・・それが・・・おととい・話があるって言われて・・そしたら・再婚したいって・・・突然で・・
Co.9　（感情の反射）
_____
Cl.9　夜も寝られなくなって・・どう考えたらいいのか・・なんだか・・放り出されたようで・・
Co.10　放り出されたっていうと・・・
Cl.10　・・急に・・勝手に他の人を好きになって・・結婚するなんて言うから・・・
Co.11　（言い換え）
_____
Cl.11　頑張って一人前になって・と考えていたのが・なんだか・・馬鹿みたいで・・
Co.12　お母さんを今度は自分が支えるんだと思ってきたのに・・（ええ・はい）・・
Cl.12　母親が言うには・・これまでは僕のために・・これからは自分のために生きるって・・（そう・・）・・
そんなに簡単に・・あっさりと・・・

ワーク 6
クライエントとカウンセラーの対話分析

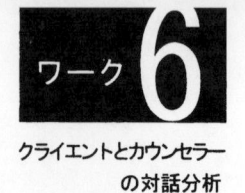

エクササイズ●6-3

Co. 13 ああ・お母さんに「あんたのことは、これでお終い」と言われたようですごく・・ショックだったのですね

Cl. 13 ・・いままで・母は僕のために我慢してきたみたいなこと言っているから・・僕だって小学生のころから・母が働き始めたから・一人で我慢したし・手伝いだって色々したし・寂しくてもそんなこと一度も言わなかったし・風邪で熱があっても心配させたくないから学校にいったし・・・・
　だいたい・・今までは我慢してあんたのために・明日からは自分のためにって考え方・どう思います？

Co. 14 （開かれた質問）
_____

Cl. 14 そりゃ・母親に頼ってきたことは事実ですよ・・でも・手のひらを返したように・・・・・・・・（ええ）・・・・
　・・なんですかね・あの態度は・・あったまきちゃう・・

Co. 15 変身ぶりに驚いて，怒りも出てきて・・

Cl. 15 だから・・これからどうしていこうかと・・・

Co. 16 途方にくれてしまうのですね・・

Cl. 16 ・・・・もしですよ・・知らない人が急にお父さんですよといってきたら・・

Co. 17 どのように付き合ったらいいのか分からない・・

Cl. 17 どうしたらいいか・教えてください・・

Co. 18 （言い換え）
_____

Cl. 18 だからどうしたらいいんですか？

Co. 19 （感情の反射）
_____

Cl. 19 どうやって暮らしたらいいのか・・・

Co. 20 あなたとしたら・知らない人といまさら暮らせるかという気持ちでしょうか？

Cl. 20 そうじゃなくて・母と・・・母はもう・その人のことだけを向いているんでしょうから・・

Co. 21 （ここまでの要約）
_____
_____
_____

ワーク 6

クライエントとカウンセラーの対話分析

エクササイズ●6-3

〔逐語記録　6〕
Cl. …クライエント　Co. …カウンセラー

やりとり

Co. 1　どんなことでおいでになりましたか。
Cl. 1　・・・先月のことですが・・・（泣く）・・・・・
Co. 2　・・・何か辛いことがあったのですね・・・
Cl. 2　ええ・・それで・・じつは・・（泣いている）・・
Co. 3　（閉じられた質問）

Cl. 3　・・すみません，毎日が辛くて・・・・
Co. 4　・・はあー、少しずつ話しませんか？
Cl. 4　・・まだ・・心が苦しくて・・辛くて・・（泣きながら）・・・
Co. 5　そうですか・どうしようもない感じで暮らしているのですね・・
Cl. 5　・・というか・・これは・・どうにもしようがなくて・・
Co. 6　・・大きな問題を抱えて苦しくて，悲しくて・・辛くて・・
Cl. 6　・・ええ，まあ・・だから・・自分ではどうしようもないものですから・・
Co. 7　・・そう・それは・・・・辛いですね・・
Cl. 7　・・ただ・・どこに行って相談したらいいのか・・・
Co. 8　それでやっとの思いで，助けてもらいたくてこちらにお出でになったのですね・・
Cl. 8　・・ええ・じつは・・・・・・だめです，話せません・・・
Co. 9　（感情の反射）

Cl. 9　・・夜も寝られなくなって・・少し寝たら夢でうなされて・・なんだか・・毎日が混乱していて・・
Co. 10　寝ていてもうなされている・・・
Cl. 10　・・急に・・夜中に誰かが襲ってきて・・・
Co. 11　・・ええ，・・・
Cl. 11　・・上から覆いかぶさってきて・・・（泣く）・・・・・・・・・
　　　　・・・・・ごめんなさい（泣きながら）・・・・
Co. 12　・・・それは・・・ひどい目に遭いましたね・・
Cl. 12　彼がいるんですけど，結婚しようって話してたんですけど・・
　　　　それも・・もう・・駄目になったし・・死んだほうが・・・
Co. 13　（感情の反射）

Cl. 13　夜になると，怖くて怖くて・・・体温とか・・息づかいとか・・
　　　　その時のことが襲ってきて，毎日なんです・・それが怖くて・・
Co. 14　（言い換え）

Cl. 14　どうしても・・忘れられなくて・・辛くて・・助けてください
Co. 15　私でどこまでお手伝いできるか・・ともかくお話は少し分かりかけてきましたから・・少しずつ話を聞かせてください・・
Cl. 15　私が悪かったんです・・戸締りをきちんとしないでいたから・・
Co. 16　ご自分のせいでこうなったのだと・・
Cl. 16　ちゃんと戸締りをいなかったから・・口をふさがれて・・怖くて・・
　　　　声も出せずに・・誰も助けてくれなくて・・彼の名前呼んだけど・

©1986　日精研心理臨床センター（禁複製）

ワーク6 クライエントとカウンセラーの対話分析

エクササイズ●6−3

Co.17　（感情の反射）
_____

Cl.17　・・もうだめ・・・（声をあげて泣く）
Co.18　心も体もボロボロになってしまったのですね・・
Cl.18　だから・・これからどうしていいのか・・・
Co.19　ほんとうに，途方にくれてしまうんですね・・
Cl.19　結婚もできないし・・誰も信用できないし・・・助けてくれないし・・・もうだめなんです・・・
Co.20　（感情の反射）
_____

Cl.20　死ぬ方法を教えてください・・
Co.21　（言い換え）
_____

Cl.21　・・・だからどうしたらいいんですか？
Co.22　（感情の反射）
_____

Cl.22　彼が来てくれないから・・・助けてといったのに・・・
Co.23　彼に助けてもらいたかったのに・・
Cl.23　お母さんは，忘れなさいっていうけど，怖さが抜けないから・・
Co.24　（言い換え）
_____

Cl.24　全部のことをもうおしまいにしたい・・
Co.25　（ここまでの要約）
_____
_____
_____

コラム6

―カウンセリングは繰り返しに始まり、繰り返しに終わる―

「繰り返し」とはクライエントの言葉を尊重し，クライエントの言葉でカウンセラーが理解するために用いられる方法です。
これまでのエクササイズでは「感情の反射」という言葉でこのことを考えてきましたが，感情だけでなく，話している事柄そのものに対しても<u>クライエントの言葉</u>でとらえていくことが大切になります。
<u>クライエントの言葉からすべての対話が始められ，最終的にはクライエントの言葉に戻っていくことこそがカウンセリングの原点なのです。</u>

コラム7

イーガンのプロセスモデル

Ⅰ．助力に入る前の段階
　（クライエントへの関心をもっており，お互いに心が通い合える状態）
Ⅱ．ラポートの段階
　（信頼関係を確立し，協力関係をつくる）
Ⅲ．理解の統合の段階
　（自分の経験を分かち合う，クライエントと違う枠組を示し，変化や行動のための自己理解の発展）
Ⅳ．行為の促進の段階
　（新しい自己理解に基づいた行為を助ける，建設的な実践を促進するための方法を解明し支援と方向付けを行なう）

このイーガンのモデルは現実的適応を促進するためのカウンセリングの一般的なプロセスを示している

ワーク 7 カウンセリングのイメージづくり

劇画「カウンセリングの実際 ——鈴木さんの悩み——」
　エクササイズ●7-1

　　カウンセリングがいわゆる"相談"とはちがった考え方や立場に立つことをみてきましたが、それでは、カウンセリングとは実際にはどのように進むのでしょうか。
　　次の劇画はカウンセリングの進むプロセスを描いたものです。クライエントがどのような問題をもって、どんな風にカウンセラーのもとを訪れるのか、カウンセラーはクライエントをどう迎え、どのようにかかわり合いを展開するのか、クライエントとカウンセラーとの間にどのような相互関係が生まれ、変転し、クライエントはどのように変容していくのか。このようなプロセスに、劇画をたどりながら、参加してください。
　　カウンセリングといわゆる"相談"のちがいについて、あるいはカウンセリングとはどんなものかについて、イメージ作りをすることがこのワークのねらいです。

カウンセリングの実際

鈴木さんの悩み

鈴木春男　31才　コンピューター・ソフト開発会社社員
妻…好子　29才　中学校教師
娘…かおる　4才

（来談径路）プロローグ

鈴木くん 神妙な顔して どうしたんだね……

じつは 課長の ご意見を うかがいたいと 思いまして……

私に話って いったい何だね？

はあ

とにかく 一杯 いこう

アユの塩焼きと 肉ジャガ……

©1986 日精研心理臨床センター（禁複製）

じつは 私の家は代々医者でして……

ああ……そうだってねェ

課長は私のことをどのように評価なさっているか率直にお聞きしたいんです

…………

すると……なんだね 私が見込みがないといえば田舎へ帰って医者にでもなるつもりかね

は…はあ

7年もやっとって 今さら私の評価なんか聞かんでも自分でわかるだろう

人生の転機だからね……

…………

自分がどうしたいのかよく考えてみてだね……そのうえで私の考えをいおう

社員相談室にでも行ってよく考えてみたらどうだ

（初回面接）社員相談室

初めまして山下といいます

鈴木です　どうぞよろしく

どうぞお楽になさって……1時間ほどとってありますから　どこからでも鈴木さんの思いつくところからどうぞ

はい……

ここでのお話は秘密を守ることになっています……どういうことでおいでになったのかお話しください……ご一緒に考えたいと思います

じつは……転職のことで……

ええ……

今の会社がいやになったわけではないんですが……

今の会社がいやになったというわけじゃないんですね

©1986　日精研心理臨床センター（禁複製）

私の家は長野で代々医者を
やっています
兄は関西で医学部を出て　そのまま
大学病院に勤務するようになり……
だから兄は長野には帰らず……

家ではあわて
始めました

父の死後　義兄が医院を継ぐ
ことになりましたが
この頃から
母が私に会うたびに
医者になって帰ってほしいと
繰り返すようになったんです

それで　お母さんの
期待に応えたい
と思う

ええ……
しかし　それ
だけではない
んです

……と
いいますと？

4年前……
コンピューターのソフト
部門が独立してから
ずうっと……

ソフト開発の方を
やってるんです

創造的な仕事ですし
面白くもあり
それなりに自信もでて
はりきって
いたんです

ところが 1ヶ月前 或る会社のプログラムを委託されて プロジェクト・チームができたんですが

私はそこから
はずされて
しまったんです

その仕事は大きな
プロジェクトで

自分には実績も
かなりあるし
てっきり
チーム・リーダーに
なれるものと
思いこんで
いたんです

はずされてはじめて
実力もないのにうぬぼれて
いたのを思い知らされて
ガックリきたんです

そんなところへ 母から
いっそ会社をやめて
医者になって家を継ぐ
ことを考えてくれって
いわれて

心が
ぐらついて
しまったん
です

お父さんもあの世で自分のあとを継いでほしいと願っているにちがいないわ	あなたが本当に医者をめざしてくれるならそれまでの経済的な援助はしますよ

なるほど……
今までもっていた自信に疑いをもちはじめているところへお母さんにいわれて 悩みが本格的になったんですね

今の仕事でいくかそれとも医者になって家を継ぐかと……

ええ

もう31才になっているんですけど……

…………

もっとお話をうかがいたいんですが 時間がきてしまいました

鈴木さんは大きな決心をしようとなさっていますね

このことは慎重に考えていきたいと思いますがいかがですか

また話しにおいでになりますか

はい……お願いします

何回か通ってみたいと思います 課長にもそういわれていますし

課長さんに……？

ええ……ゆっくり考えてこいって

今日はありがとうございました

じゃ……来週同じ時間にお待ちしています

それでは……

©1986　日精研心理臨床センター（禁複製）

(第2回面接) 妻の反対

あの……
ちょっと質問
して
いいですか？

ええ……
どうぞ

先生は結婚して
いらっしゃい
ますよね？

ええ……

それじゃ
転職なんて
……

ええ……？

ああ、そういう人は
転職のことなんか
考えないのでは
ないかという
わけですね

ええ まあ
そうです

じつは……ゆうべ
家内と話をしまして

家内は中学の教師を
しているんですが

> …………

> 医者になれるか
> どうかもわから
> ないのに……
> そんな
> なまやさしい
> もんじゃない
> でしょう

> そんな
> こたァ
> わかって
> いるさ

> だから迷って
> るんじゃないか

> あなたは今の仕事が思い
> 通りにいかなくなったので
> 逃げようとしているだけ
> でしょう

> プライドが高すぎるのよ
> だから ちょっと
> つまずくとそんな風に
> 考えてしまうのよ

> うるさぁーい
> なにもわからないくせに
> 勝手なこというな!!

仕事のつまずきから逃げるために医者への転身を考えている	奥さんはそう思いこんで あなたの悩みをわかってくれない

そうなんです

家内の仕事のこともあるので おいそれと田舎へ帰りますってわけにいかないのはわかるんですが

どこのソフト会社も若い人ばかりで私より年長の人って少ないんです

この仕事は若い柔軟な頭脳でないとついていけないような一面があって……

40才過ぎると使い捨てのようになってしまうんじゃないかと思うと

ぞっとするんです

今のままではもう先が見えているようで心配なんですね

ええ

だから 一生の仕事ではない

そう考えてしまうんです

今じゃハードとソフトの追いかけっこの時代ですからねェ

新しいシステムができると パッとそれについていけるのはマイコンで育った若い人達ですよ

まだ31才なのにもうすっかり自分を年寄りあつかいですね

実際そうですよ そのうちに下の者に使われるようになるだろうと思うと……しゃくぜんとしないんです

淋しそうな言い方ですね

淋しいのはそのことだけじゃありません

自分が自信をもっていた仕事を人にとられて母に転職を勧められておれはここまでかって思うと……

これからまた新しいことをやるには大変だってことは自分なりに覚悟はしていますが……

右へも左へも行けない感じなんですね

はい……

（第３回面接）深まる迷い

やっぱり辞表
出そうかと
思っています

５年計画でこれから
受験勉強をして　大学に
入り直そうかと思って
いるんですが

どうで
しょう？

1	そう決めたんですね
2	それにしてはもうひとつ表情がすっきりしてないようですが
3	受験に5年計画を考えているんですその位でないとちょっと自信もてないし……
4	…………
5	このところ毎日のように家内とケンカなんです
6	女というのは考えが現実的なんですよね
7	7年も一緒に仕事をしてきた仲間の人達と簡単にさよならができて？プライドの高いあなたが経済面を妻や実家に頼って平気で勉強ができるの？
8	あなたのやろうとしていることは矛盾だらけだわ！自分の理屈さえ通ればいいの？！

だまれ！

鈴木さんのやろうとすることをわかろうとしないで……

ええ……何かやろうとすると邪魔をするみたいな

家内の話をきいているとまるで私が荒唐無稽な計画をしているように…思えてくるんです

奥さんからいわせればそうなるわけなんですね……

しかし 私が前回の面接の時なるほどと思ったのは鈴木さんが今の仕事は一生の仕事ではないと

新しいことをやるのが大変なことは自分なりに覚悟しているんだとおっしゃいましたね

ええ それが私の本当の気持なんです

そりゃ 家内にはそれなりの考えがあるでしょうが……

(第4回面接)

今日はこの前よりつらそうな感じですね

先生に……笑われるかもしれませんがまた考えがぐらついてしまって……

そうですかどんな風に？

受験雑誌をちょっと買ってみて……

それで実際もし医学部に入ったとしたらと考えたんです

そしたら10才以上も年下の人と一緒にやるわけですよね

そうですねェそれで……？

今でも若い人に遅れをとっているのに……

うまくなじめないんじゃないかと心配になってきて……

もし大学に入れたとしても年の離れた若い人達とうまくやっていけるか心配になってきたんですねェ

そう考えると 急に孤独感におそわれてしまって……

なるほど ひとりぼっちで放られるように感じるんですね

はい

すると 別の言葉でいえば 人になじむというより仕事になじんできたという感じだったのでしょうか。

今まで仕事とか目標に向って頑張ってさえいれば自分のまわりに人はいるもんだぐらいにしか考えてなかったみたいです

深く考えたことありませんがそうかもしれませんね

人と自分の関係について深く考えるヒマがなく流されてきたように思えて……

……うーん

なるほどね……奥さんのこともそんな風に思いますか？

……仕事をしていれば奥さんのことはあまり気にしないっていう風に……

…………

家内が現実的というよりも……私がまわりの人を見ていなかったってことなんでしょうね

（第5回面接）

このところよく家内と話し合っているんです

ずい分長いこと話し合ってなかったので

ちょっととまどっているところもありますけど……

エイエイ
ウリャ

©1986　日精研心理臨床センター（禁複製）

「急にあたしのことを聞いてくれるようになったってそういっています」

「時々やり合ったりもするんですが」

「それでも娘は以前と違ってホッとしているようです」

「奥さんやお子さんの気持にも目が行くようになられて今までと違った感じ方をされてるようですね」

「鈴木さんの表情を見ていると ひとりで思いつめなくなったせいか 余裕らしきものを感じますよ」

「考えてみれば家内のいうことももっともなのですよねェ」

「その間の学費とか生活費とかの経済面を妻や母に頼らざるをえない問題……」

「自分ははたして医者にむいているのだろうか？」

「何科の医者をめざせばいいのだろうか？」

よく考えてみると……

転職の考えが少々あいまいだったようです

現実的な問題を考えながらいかないと具体的になっていかないと

思いだしたわけですね

私のようにプライドばかり高くて　目先のことで勝った負けたとやっていると見えないところがいっぱいあるんですね

プロジェクトからはずされたということばかりでなくて今までずっと緊張の連続でやってきたんです

若いひとはそれなりに勉強して入ってくるのに……質問しないばかりか認めようともせず張合ってばかり……

ライバル意識だけが先行するんです

コマ	セリフ

自分を人より下に置くのがいやなんですね

どんな人にもライバル心を感じてしまうんですね

ええ

命令するのは好きで命令されるのは絶対いやなんです

(第6回面接)

あれから色々自分のことを考えてみたんです……なんというかこれまでの自分は自分の気にいるものでなければいらないっていってたみたいで……

どうして自分はこうなんだろう……

反発と対抗意識が強いくせに……

人には自分を正当に評価するように要求してきたのかもしれません

これまでの鈴木さんの話しぶりは

自分のことをちゃんと評価してくれっていっておられるように思えますが……

父とのこともそのひとつです　父はやさしかったけど私を評価してくれないと不満がありました

能力のすぐれた兄と違って　私は中学の頃から理数系が苦手で……

だから逆に意地になってやらなかった気がします

それで医者にむりだと決まったようで

ほっとしたような悲しいような

社会学部に入って なんとなく 今の会社に入って

まさかコンピューターの 仕事をやるようになるとは 思いませんでした……

だから父や兄に 意地をはって……

ええ……

兄に対する一種の ライバル意識を もち続けていた ように思います

そして頑張ってきた

考えてみれば 家内もライバル でした

……？

家内が期末テストなどで 夜遅くまで仕事して いると……変に自分も 頑張るんです

家内が ひと休み しようと すると……

おれだって 忙がしいんだと 急にやり始め たり……

なるほどね
しかし ご自分の
姿にずい分
気づかれましたね

…………

今はむりに医者に
ならなくともいいと
思うようになりました

母には悪い
けど 医者に
なるのは……

そうですか……

（第7回面接）1週あいて2週目

うん……
いいですね
いつも目に写って
いたけど ちゃんと
見るとすごくいい
ですね

………

先週は失礼しました 急な仕事でどうしても 抜けられなくて……	そうですか いきいきとして いますね
また忙がしく なりました	

何か……
ふっきれた
みたいで……

課長！近いうちに
話を聞かせて
ください

ああ……
そうだったね
じゃ近々に……

できたら
私の悪いところを
教えてください

変わりましたね

今までの鈴木さんは
課長がどの位自分を
認めているかを
聞きたかった

しかし今は
自分の悪い
ところを聞こうと
思ってるんですね

はい……

なるほど

私のはわがまま病ですよ

元気のない時は良い評価を聞きたくて 元気がでてきたから悪い評価を聞いても大丈夫だろうって

鈴木さんはこれまでずい分 色々な自分の面を見てきましたね たった6回でしたが……

おかげさまで変なこだわりがとれました

そりゃ安定の面では医者の方が条件がいいと思いますが

そしたら今の仕事や仲間がとてもなつかしく思えてきて……

今の仕事までが……

私は意地やライバル意識で人を見……目標を追いかけてきたので 素直な気持で仕事や仲間をみられなかったんですね

好きになれるかどうかというとやっぱり今の仕事の方を選ぶでしょうね

………

私は……色々な意味でライバルは必要だと思いますよ	良い評価を受けたいとか 良い仕事をしたいとか考えるのはライバルが存在するからでしょう	私もそう思います

でも 自分を生かすか殺すかは紙一重だと思います

鈴木さんは自分の心をつかむコツを見つけられたようですね

ええ……ムリなムリはしないで適切なムリができるというか

いまのままでやっていけると思います

そんな風にやっていけるといいですね

人が私を支えてくれていると実感できるんです

課長！

ん!?

今後も課長のもとでずっと頑張りたいと思いますのでよろしくお願いします

そうか……

……とひと言だけでしたが

私にはそのひと言で充分でした

それでは元気でやってください

どうも……

(画・荘司としお)

おわり

ワーク 7　カウンセリングのイメージづくり

エクササイズ●7-1

劇画を読んで沸いてきたカウンセリングについての印象、感想、また、いわゆる"相談"とのちがいなど思いつくことを次にメモしておきましょう。

面白いと思ったところ、思いがけないと思ったところ、なるほどと思ったところ、物足りなく思ったところ、わからないところ……などなんでもメモにしておくと、これからの学習を深めるうえでの足がかりとなるでしょう。

① _____
_____
_____

② _____
_____
_____

③ _____
_____
_____

④ _____
_____
_____

⑤ _____
_____
_____

⑥ _____
_____
_____

⑦ _____
_____
_____

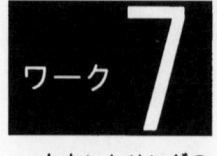

ワーク7 カウンセリングのイメージづくり

解説

　この劇画は、実例をモデルとし、プライバシーを守る為に必要な脚色を施したものです。カウンセリングは、大まかにいって、こんなふうなプロセスで進むと考えてくださっていいと思います。

　この劇画の中にあらわれたクライエントの変化の過程、カウンセラーの働きかけの過程、2人の関係の変化の過程など、読む焦点を変えながら、何回か読み返してみるといいと思います。

　次ページに解説がついていますが、解説を見るのはあとまわしにして、自分の率直な感想を大切にし、まずカウンセリングのイメージをつかむことを試みてください。

劇画の解説

○劇画「カウンセリングの実際 —鈴木さんの悩み—」解説

劇画を読んで、あなたがこれまでもっていた「カウンセリング」や「相談」のイメージとつき合わせてみて、さまざまな感想を持たれたことでしょう。自分のもった感想に照らしながら、また、ここまでの学習の整理もかねて、この解説を読んでみてください。

(来談径路) プロローグ

©1986 日精研心理臨床センター（禁複製）

1　カウンセリングとはどんなものか

　「人生相談」の相談員なら、もっとどんどん自分の意見を言ったり、提案をしたりするでしょう。例えば、鈴木さんの計画の甘さ、家庭内のトラブル、鈴木さんとお母さんとの関係などについて、さまざまな意見の出るところです。

　ところが、このカウンセラーはほとんど意見らしきものを伝えていません。それだからこんなに何回もの面接になったとも言えますが、この7回の面接の中で鈴木さんは、自分の計画について見つめ直したり、他の人に対する自分の態度をふり返ったり、自分なりに選択や決断を自分の力でするようになっています。

　この両者の違いはどういう所からくるのかを考えてみましょう。

　1つは、人が自分を見つめ直したり、選択や決断を自分の納得のいくように行なっていくためには、多かれ少なかれ、相当な時間が要るということです。パッと解決策が与えられたとしても、必ずしもすぐそのようにできるとは限らないわけです。もし、「そうしてみよう」といったんは決心したとしても、現実とぶつかりながら後悔したり、不安になったりします。そうした心の過程全体がカウンセリングでは大切にされるのです。

　「私は相手に言うだけは言った、だからあとは本人のやる気や努力が足りるかどうかだ」と涼しい顔して済ませるという考えはカウンセリングでは採用しないのです。

　もう1つは、カウンセリングではクライエントこそが主人公だという考え方です。

　つまり、「相談」に来た人が、その人の頭と心でその人らしく自分の問題に取り組み、選択し決断するのをカウンセラーは側面から援助するということを大切にします。

　よく「人生相談」などでは回答者が、名言やユニークな視点で方針を指示したりするということが行われますが、カウンセリングではこのような、一種の"上意下達"のやり方はとりません。何故なら"上意"すなわち回答者の意見や指示が尊重され、クライエントがはたしてそうできるのか、その意見に対してどう考えるのか、といった点が無視される傾向があるからです。クライエントに"主体的に、自分の力と知恵で生きて欲しい"と願う一方で当のクライエントの主体性や力や知恵や力を無視してしまうとしたら、言っていることとやっていることに矛盾がある、つまり、言行不一致ということになります。そこで、カウンセリングでは、相談員やカウンセラーの名言や卓見としての"回答"よりも、クライエントの知恵と力をより尊重する"対話"の方が重視されることになるわけです。

　ですから、劇画を読む時に、どこでカウンセラーが"名答"を言うかと探してみても、それらしい言葉が見つからなかったのではないでしょうか。その代わりに、"対話"が何を尊重しながらどんな風に進んで行ってるかに着目して読んでみると、カウンセリングの独特のイメージがつかめるのではないでしょうか。

　劇画を読んで、「カウンセラーは何も言ってないじゃないか」「カウンセラーは何もしていないじゃないか」と思われた方は、もう一度、この着目点で読み直してみてください。そうすると、そこから新しい発見があるのではないかと思います。

2　鈴木さんとのカウンセリングのプロセス

　次にカウンセリングに来た鈴木さんの心の過程を追ってみたいと思います。カウンセリングのプロセスでどんなことが起きていたでしょうか。
〈プロローグ〉
　課長に声をかけられた鈴木さんは、自分の仕事についての評価を課長に尋ねていますが、その心は複雑に揺れていることがわかります。
　鈴木さんが、もしこの時課長に、「ダメだ」とか「立派にやっている」とかと言われたとしたらどうだったでしょうか。あとで出てきた鈴木さんの心を重ね合わせて考えてみると、鈴木さんはチームからはずされた自分に悔しさを感じ、自信を失いかけた気持になっています。そこへもし「ダメだ」と言われたとすれば、転職の方へ一気に気持が固まっていったかもしれませんし、見捨てられたという気持になったかもしれません。とすれば、鈴木さんは、受験勉強に取り組むとしても、「ダメ」な自分をもて余しつつ、傷ついた気持を意地に変えてやっていくかもしれません。それでいいのでしょうか？反対に、もし「立派にやっている」と言われたら、鈴木さんは失いかけた自信を取り戻せたでしょうか。チームからはずされたことを「ダメ」の烙印を押されてしまったと感じているとすれば、烙印と課長の言葉との間に大きなギャップを感じて、一層混乱するかもしれません。
　いずれにしても、この時点での課長の評価は、鈴木さんにとって安定した状態で受け入れられるものではありませんから、歪められたり、混乱させられたりするもとになりかねないわけです。ですから課長が、鈴木さんによく「考えてもらって」から「評価」を伝えようと言ったのは誠に賢明だったと言えます。もし、相手の状態によっては自分の伝える情報が歪められたり、間違って受け取られる可能性があるとしたら、まず先に相手の「状態」が「安定」することを求めるのは正しい行き方だと思えるからです。
　蛇足風に言えば、鈴木さんは確かに認めて貰っているという支えが欲しかったようですから、もし、いい評価が伝えられたとしたら、それでもよかったのだとも言えるかもしれません（多分、それは一時しのぎに過ぎないでしょうが…。）

〈初回面接〉　この初回面接で扱われているテーマは"場面構成""問題の状況の整理""混乱した心を受けとめる"ということです。
　まずカウンセラーの次のような発言に注目してください。「ここでの話は秘密を守ることになっています」「一時間ほどとってあります」「お楽になさって」「慎重に考えていきたいと思います」「来週の同じ時間にお待ちしています」というような一連のカウンセラーの発言は「場面構成」と呼ばれます。つまり、"場面構成"とは、カウンセリングの場の設定、その場での約束ごとを指します。お互いにどんな風に進めていくかといった、2人の立場を明確にしたり、約束をしたり、進め方の大まかなルールについて話されることを指すわけです。
　通常、週に1回、1時間という時間が設定されるわけですが、両者の合意でもっと間隔をあけたり、逆に週に2～3回会ったりというように決められることもあります。
　週に1回1時間という枠で行われるのには大きく2つの理由があります。
　①カウンセラーがゆとりを持ってクライエントに会うことによってクライエントに対して常に新鮮に、丁寧に、集中して会う準備状態を作る
　②クライエントの日常生活を尊重して、その日常生活を中心にしてカウンセリングの場面を位置づける

この原則は両者の合意で変更されることもありますが、おおよそこの原則で進められるのが通常の方法です。

「秘密を守ります」というルールはカウンセラーに課せられた約束ごとです。つまり、自分のことをどこででも勝手に話されるとしたら、しかも、もし笑い話の種にされるとしたら、時には関係者に自分のここでの話が伝えられるかもしれないとしたら、安心して心情を吐露できなくなります。これはクライエントのプライバシー保護という重要な約束です。

更に、「お楽に」とか「どこからでも、思いつくところからどうぞ（お話ください）」とクライエントにリラックスして自由に心を開いて話をするように提案をしています。これによってクライエントは「ここでどうふるまえばよいか」ということに安心感が持てるようになります。

さて、次に"問題の状況の整理""混乱を受けとめる"ということについて考えてみましょう。

概してクライエントは傷つき、混乱し、途方に暮れた感じでカウンセリングにやってきます。その話は時としてとりとめがなく、時としてあやふやで、何を訴えたいのか、何を考えたいのか不明確であることもあります。

そこでカウンセラーはクライエントが抱えている問題の状況を明確にしたり、混乱し、傷ついているクライエントの気持をきちんと受けとめるということが必要になります。この鈴木さんの場合、会社でのプロジェクト・チームのできごと、母親から医者になって家を継ぐことを期待されていること、などの状況の中で、「今の仕事でいくか、それとも医者になって家を継ぐか」という"人生の岐路"に立たされていることが分かります。「うぬぼれていたのを思い知らされてがっくりきた」ということも重なっている時ですから、簡単に割り切ってしまえない心の状態なわけです。そのあたりをカウンセラーは面接の終わりに、「大きな決心をしようとなさっていますね」「今までもっていた自信に疑いをもちはじめている所へお母さんに言われて悩みが本格的になったんですね」と受けとめています。

〈第2回面接〉　この第2回面接で扱われているテーマは、クライエントからの"質問"ということ"悲しみの作業"ということです。

まず"質問"について考えてみますと、クライエントは時々（質問ばかりするクライエントもまれにいますが）このような形で質問をします。このカウンセラーは、どうその質問に対応したでしょうか？「先生は結婚していらっしゃいますよね」「お子さんもいらっしゃいますよね」などは単純な質問ではありません。むしろ、これから自分が何か話をしようとする時のウォーミングアップのようなものだと気づかれると思います。そこでカウンセラーは「そういう人は、転職のことなんか考えないのではないか、というわけですね」と受けとめています。質問の背後にあるクライエントの意図をキャッチしてそこに答えているわけです。このあとで、カウンセラーがもし自分も転職を考えたことがあったら、そう伝えてみてもいいかもしれません。しかし、逆にもしそういう経験がなかったら、そのことは伝えない方がいいかもしれません。クライエントは「ああ、やっぱり、自分は変わり者なんだ」とか「そんなこと考えちゃいけないんだ」と感じてしまうおそれがあり、その後の、自分の率直な気持を語ることをちゅうちょしてしまうかもしれないからです。つまりカウンセラーはクライエントから尋ねられたら、何でもいいから自分の経験を語っていいということではないということです。むしろ、クライエントの質問の背後にある気持、例えば、尋ねて安心したい気持、確認したい気持、不安な気持などを汲みとって、クライエントにもっと自分のことを語ってもらうことの方が、質問に答えるよりもクライエントの役に立つのです。

次に"悲しみの作業"について考えてみましょう。クライエントは初回で色々と自分の状況や心境を話しましたが、それで気が済んだかというと、そう簡単に気持はすっきりしません。もうしばらくの間"悲しむ"ことが必要です。これを"悲しみの作業"といいます。5回も時には10回も、この"悲しみの作業"に時間が必要なクライエントもいるのです。私達は普段忙しくしていますから、相手が悲しんでいることにゆっくりとつき合おうとはしません。むしろ、「いつまでもグチを言っていないで」とか「泣いていても解決しない」「男らしくさっさと割り切って」というように相手の悲嘆を断ち切ろうとしがちです。カウンセリングでは、充分に悲しみ、その悲しむことにゆっくりとつき合って、それから…と考えるのです。

　鈴木さんは、妻にわかって貰えなくてイライラしていること、使い捨てになってしまうのではないかと不安になっていること、自分はここまでの人間かと思って淋しい気持になっていること、転職を考えれば逃げていると責められ、右へも左へも行けない心境であることなどを次々と表明、反芻し、悲嘆にくれています。この心の作業がカウンセリングでは一番大切なところだと考えてください。その中でクライエントは次の歩みへの心の準備をし、自分を見つめ、自分の正直な心に向き合うのです。

　この回の終わりの方で長い沈黙があります。この時の鈴木さんの沈黙は、「どっちへ進んでいいかわからない」途方に暮れた、打ちひしがれた、淋しい、といった気持が混じり合った状態の沈黙でした。

　①言葉にならない気持を味わっている
　②心の中を整理したり、思い出したりする
　③否定的になっている
　④相手の出方を見ようと待っている
　⑤考えたり、まよったり、ためらったりしている

　沈黙にはだいたいこのような意味があります。クライエントの今の気持やクライエントの気持の流れに敏感でなければ沈黙の意味をつかみそこねてしまいます。

　ここでの鈴木さんの長い沈黙も、じつは"悲しみの作業"をしているということを意味しています。そんな作業を大切にして、カウンセラーはやさしく受けとめなければならないわけです。

〈第3回面接〉　この回では鈴木さんの1つの決心が扱われています。「やっぱり辞表を出そうかと思っています」と冒頭言い始めていますが、ではその決心で真直ぐに進めるかというとすぐにぐらついてきます。第4回ではその動揺はもっと大きくなるのですが、グルグル回っていることに耐えられなくなって、とりあえず1つの決心をしてみた、というところでしょうか。

　その立てた決心をぐらつかせているのは、奥さんの意見です。その意見の前で鈴木さんは足ぶみ状態です。奥さんが自分を「邪魔するみたい」と感じたりしていますが、どうももう一つ自信もなさそうです。ここでぐらつくのはいいことです。何故なら、奥さんの意見を気にし、受けいれようとしているからです。

　この回にカウンセラーは、積極的な発言をしています。「私が前回、なるほどと思ったのは、鈴木さんが今の仕事は一生の仕事ではない、新しいことをやるのは大変な事だと自分なりに覚悟しているんだとおっしゃいましたね」という発言がそれです。この発言は、自分の計画に奥さんが反対しているとか邪魔しているというように感じている鈴木さんに、「あなたは自分なりにやろうとしているんでしょう。そして、それには覚悟がいると知っているんでしょう。それならもっと自分自身の気持ちに立ち戻って考えましょう」と支持を表明している発言のようです。

カウンセラーはこのように、支持を表明したり、疑問を投げかけたり、提案をしたりすることがあります。カウンセラーのこのような働きかけがクライエントを励ましたり、もっと自分を見つめるように促したりすることになるのです。

〈第4回面接〉　この回で鈴木さんはさらに動揺し、辛い気持になっていきますが、同時にこの回と次の回で自分を今までと違った角度から見つめ直し始めたり、今まで気がつかなかった自分に気がつき始めたりしています。
　　第4回の面接は、鈴木さんにとっては一番辛い面接だったでしょう。何故なら、会社で行きづまりを感じたり、若い人に対してうらやましさを感じたりしていた鈴木さんは、医学部に入っても、またそんな気持を味わうことになるのかと思い、急に自分が"ひとりぼっち"の感じに陥っていったからです。この"ひとりぼっち"の感じは、今までの仕事ぶりの中では鈴木さんには気がつかなかった感じだったようです。鈴木さんは、会社でも、家に帰っても、医学部に入ったとしても、"孤立"しているという感じになるのですから、とても辛かっただろうと思います。
　　そこから、鈴木さんはこれまでの人間関係の持ち方に少しずつ気がついていくようにみえます。
　　奥さんとどんな風に向き合っていたか、自分にとって他の人の存在はどんな意味をもっていたのか。こうした問題に向きあうのは、なかなかた易いことではありません。しかし、鈴木さんは本当に正直に自分の在り方、関係の持ち方を見つめ、反省し、自分の姿を発見しています。それだけ柔軟に自分を見たり、他の人を見たり、他の人の目に写っている自分を見たりということができるようになっているとも言えます。

〈第5回面接〉　この回は前回の苦しい状態からちょっと抜け出して、ホッと一息ついているような感じになっています。第4回が基本的な自分の生き方について考えた回だとすれば、この回は、大変現実的な視点で自分のことをふり返った回だといえます。もう意地を張った感じがなくなり、とてもすなおに色々な現実の問題を考えられるようになっていることがわかります。対人関係について"ライバル意識"を中心に考え始めています。
　　この回は、別の見方をすれば、転職のことがあれかこれかというように語られていないということに気がつきます。というより、"問題の考え方""問題を考えている自分"に視点の重心を置いており、問題の内容にそれほど汲々とはしていないように見えます。これはカウンセラーが鈴木さんとの間で、単に仕事をあれかこれか選択することに焦点を置いた話し合いをしないで、「自分はどのように生きているのか」、「私は私という人間をどのように扱っているのか」、「私は人とどう生きているか」というより中心的なテーマで話し合いをもつようにしていると考えることができます。
　　カウンセラーがこのようなテーマで話し合いたいと思ったのにはいくつか理由があります。
　　①行動上の選択や決定そのものよりも、選択や決定を自分に照らして、自分が納得のいくように選択、決定できる"力"の方がより重要で、普遍的だと考える。
　　②具体的な障害（例えば奥さんの反対、経済的な問題）を取り除くよりも、障害に立ち向かいつつ、その障害は自分にとってどんな"意味"があるのかについて考えることの方が大切である。
　　③自己像や自己評価を、歪んだものにしないで、より多面的に、力動的に、肯定的に持って生きるようになることが、健康的な生き方であると考える。そして、そのような自己像、自己評価が持てるように援助することが大切である。

①〜③の理由はこのカウンセラーが目標とするカウンセリング観によるものであって、勿論、別の考えに立ち、別の目標をたてて別の方法で話し合いを進めていくカウンセラーもいます。

こう考えてみると、どんな点に着目し、どんな点を話し合いにのせ、どんな方向でクライエントに関わっていくかということは、カウンセラーがもっている基本的な人間観、カウンセリング観によってきまってきます。ですから、自分がどんな人間観、カウンセリング観に立っているかを明確にしておく必要があることに気がつきます。簡単に言えば「クライエントにどうなって欲しいか」ということをはっきりさせておくことを指すのです。

〈第6回面接〉　この回まで鈴木さんは、相当に自分の気持ちを見つめ、自分の考え方、生き方を見つめてきました。その総決算とでもいうべき回がこの第6回の面接です。

鈴木さんがお兄さんとの間で、心のどこかでもっていたライバルと敗者の気持のいりまじった心境が語られています。「父はやさしかったけど、自分を評価してくれない不満がありました」という言葉は、鈴木さんがいつでも勝ち負けや競争ばかりを意識する生き方をするようになったいきさつを物語っているようです。競争して勝つ自分しか認められないとしたら、どんなにか鈴木さんは緊張し続けなければならなかったでしょう。

自分のしていることが他の人に認められることを大切にしようとすることと同時に、自分で自分のしていることをゆったりとした気持ちで認めてあげること、その両方が鈴木さんには必要だったようです。

ところが、鈴木さんの場合、特に後者に手がつけられていなかったことがこの面接で分かってきました。鈴木さんは、人と競争したり、かけひきしたり、優位を保とうとしたりする自分の他に、自分を慰めたり、くつろがせたり、支えてあげるもう1人の自分が必要だったようです。

後者の自分が形成されてきて、つまり、自分で自分のことを率直に見つめ、認めることができるようになってきた時に、人の評価や期待といったものが鈴木さんの中で楽に受けとめられるようになってきたのです。

人の評価によらず、自分の評価で生きることができるということは難しいことです。人間関係の中で人の期待や欲求や評価抜きに"私"という人間はありえませんし、もし、それらがなかったとしたら、まったく孤独な気持で生きなければならなくなるでしょう。

反対に、人の思惑や評価にふり回されてしまったとしたら、これまた"自分のない"感じで生きなければなりません。「人はこう思い」そして「私はこう思う」という距離感を保ち、その距離感の中に居られる力を身につけたいものです。

鈴木さんは"自分がどういう人間で、何が必要で、どうしていきたいか"ということに1つの答えを出しました。「無理に医者にならなくてもいい」と。その答えは、お母さんの期待を裏切るものですから、辛い決心だったと思います。しかし、自分で選んだ決心には、辛いことがあっても、耐えられるものです。もし人から押しつけられた決心ならば、苦しい時にはその人を恨んだり、自分で責任を取りきれなくてすぐ逃げだすかも知れません。

〈第7回面接〉　この回が最終回になっています。そしてこの回は初めて2週間あいた面接になっています。鈴木さんが"仕事が忙しくなった"と言っているように、仕事に向う気持が積極的になっていることがよくわかります。

　この回は課長さんと会ったことから始まり、課長さんや他の人に支えられているという感じを話して終っています。

　これまでの過程で色々と説明してきましたので、ここでは1つだけ取りあげてみます。それは、「そうか…」という課長さんの言葉に対して開かれている鈴木さんの心や感受性についてです。それまでの鈴木さんは「オレが」「オレが」の人で、反対する人、邪魔する人、年下の人は、そのうち自分に命令する人という具合にしか周囲の人のことが見えていなかったようでした。それがいつのまにか、「そうか…」という一言で「充分でした」といえるほどに心が開かれているのです。どんなカウンセリングが鈴木さんを支え、このような鈴木さんになれるように援助していたのかもう一度考えてみて下さい。

　さて、ここでは「終結」ということについて少し説明しましょう。

　終結はおおむね次のような基準によります。

①クライエントが生活を自分なりのバランスで生きていけるようになっている

②クライエントが自分を受け入れ、ユーモアをもって自分を語れるようになっており、他者に対しても肯定的な構えができている

③カウンセリング全体の流れをふり返ったり、外面化しようとすることによってカウンセリングの場面を自分なりに位置づけている

　いつまでもカウンセラーにしがみつき、カウンセラーなしでは生きられないというふうにクライエントを依存させてしまうのも困りますし、まだ混乱が強く、大変な状況なのにカウンセラーが面倒くさがって、早く終らせたがると、「見捨てられた」というふうにクライエントに感じさせます。いつ、どう終結するかということは大変に難しい課題ではあります。

　しかし、たいていの場合、こちらが強く引きとめない限り、クライエントの側から「この先は自分でやります」と言います。

　カウンセリングにおける終結はクライエントの問題が解決された時であることもあれば、クライエントが自力で問題に立ち向かう力が持てた時であることもあります。

　一方、問題だと思っていたことが問題でなくなってきたりすることも起こります。いずれにしても、クライエントにとって、心の中のしこりやわだかまりから解放され、柔軟に生きていけるように、そして抱えている問題に対処していく知恵と力とが得られるようになる時が終結の時と言ってよいでしょう。

　いつ、どのように終結するかが決まるために、カウンセリングのゴールのイメージを自分なりに明確にしておくことが必要です。そして、ゴールのイメージは、第5回面接の解説で触れたように、「このクライエントにどうなって欲しいか」というカウンセリングの目標観や人間観と深く関連しているのです。

　この劇画に表現されているカウンセリングの展開過程、あるいは、カウンセラーの働きには、それなりの意味や意図が含まれています。それらがどのようなものであるかを理解することがこのワークブックのねらいでもあります。

終りに

　このワークブックでの学習で"カウンセリング"の具体的なイメージ、"カウンセラー"の働きかけの具体的なイメージが、多少であってもつかめたでしょうか。

　クライエントの話の理解のしかた、クライエントの話の促進のしかた、クライエントの心理、カウンセラーの働きかけ、カウンセラーとクライエントの対話のあり方などについて一通り勉強してきました。

　この先は、自分自身で、このワークブックでの学習を土台にして、実際的な学習を進めていただきたいと思います。

　カウンセリングのより専門的な学習のしかたにはいくつかの方法がありますが、特に専門的な方向に行かなくてもいいと思う人は、このワークブックをくり返しやってみることをおすすめします。また、ワークブックの中の事例のかわりに、日常生活での実際の場合を使って、エクササイズのようにやってみてはどうでしょうか。カウンセリングの考え方や技術が一層身についたものになっていくでしょう。

　もっと専門的な方向で学習したい人にとって、この先の学習のしかたとしては：
1．誰かを相手にして「ロール・プレイング（模擬的練習）」をしてみる。（その場合カウンセラーの役割、クライエントの役割の両者を体験してみることが大切です。）
2．ロール・プレイングや実際のカウンセリングのやりとりを逐語記録にして「対話分析」をする。
3．「教育分析」を受ける。これは自分が実際にカウンセリングを受けて（もし自分にさし当たっての問題を感じていなくても）クライエントの体験をすることです。この体験で、クライエントの心理（クライエントはカウンセラーにどんな風に身構えたり、心を開いたりするか、自分自身を探ったり、理解したりするのにどんな辛さや喜びがあるかなど）を実感的に理解できます。
4．「スーパービジョン」を受ける。これは自分が行ったカウンセリングをスーパーバイザー（熟練したカウンセリングの教育者）によって分析して貰ったり、クライエントの理解の歪んでいる点、見落としている点を一緒に考えてもらうことを指しますが、これによって、自分のクライエント理解や、自分とクライエントの関係を改めて見つめ直す機会となります。
5．「ケース・カンファレンス」を受ける。これはたいてい集団で行いますが、自分のカウンセリングについて、色々な人の色々な視点を交換し合い、幅のあるクライエント理解がめざされます。
6．「グループ体験」をする。グループ体験という学習方法は、自分が人とどんな風に関わりをもつ傾向があるかについて、グループ・メンバーとして体験しながら、グループ・メンバーからのフィードバックを通して理解を深めていく学習方法で、カウンセリング・ワークショップとか感受性訓練という名称で各所で行われています。これは、自己理解を深めるという意味で、専門家に限らず対人関係に関心をもつすべての人にとって、基礎的で有意義な学習です。

　このような1から6の学習法は全てのカウンセラーが受けるもので、カウンセラーが独断や偏見を少しでもなくして、正しいクライエント理解に近づき、同時にカウンセラーとしての自分を常に見つめ直し、自分の姿勢や関わり方を修正していくために必要なことです。

　カウンセラーになった人だけでなく、これからカウンセラーになろうとする人にも基本的にこのような学習法が用いられ、実際的な体験的な教育の場となるものです。

◆　　◆　　◆

　さて、これからカウンセリングを学習しようとする人、学習しつつある人にとって大切な点を3点だけあげておきましょう。
　第1点は、どんなに相手のことを理解しようとしても、また理解したいと思っていても、そこには必ず溝やズレがあるということです。
　これは、ある意味で仕方のないことです。この溝やズレを恐れず、溝やズレがあると感じれば感じるだけ、それだけよけいに相手をきちんと理解しようという姿勢を作っていくことができます。わかったと思ってもまだわかりきれていない所にこそ、真の意味で相手の人は生きているのです。その意味でカウンセリングにとって"わかろう"とする姿勢こそが何より大切だということができます。
　第2点は、自分の持っているカウンセリングの"ありたい姿"を大切にするということです。
　"初心忘れるべからず"に近いことなのですが、自分がこう関わっていきたい、こんな風に理解していきたいと思っているイメージにできるだけ近づけるようにしたいものです。技術的なことは多少は役に立ちますが、要はどうありたいかというイメージを明確にしておくほうが、本当に自分の求めているカウンセリングに近づけるように思われます。
　そして第3点は、第2点の自分のカウンセリングのイメージにあった先達者を見つけることです。
　現在さまざまなカウンセリングの方法がありますが、ある研究では、カウンセリングの方法よりも、より人格的な要素のほうが大切だと指摘されています。この人はすばらしいカウンセラーだと思える人を見つけて、その人の下で人格的な影響をたくさん受けてください。その人の持っている"持ち味"というものを手本にして自分の"持ち味"を活かしたカウンセリングを創造していっていただきたいと思います。
　初めは真似で、そして自分らしく、自分のカウンセリングを創っていくことが大切です。その人の"持ち味"を大切にしてくれる先達者のそばにいるだけでたくさんのことが学べると思います。

　終わりに、C．ロジャース博士が自分のカウンセリングについての考え方を述べたものを参考として記して、このワークブックの締めくくりとしたいと思います。

ロジャース博士

　長年のわたしの治療の体験によれば、もし、適切な風土と適切な関係や条件をわたしがつくることができれば、治療的な働きのプロセスは、ほとんど必ずクライエントに生ずるという結論を得ております。その適切な風土とは何か、これらの条件とはどんなものなのか、わたしなりにその条件について簡単にお話しましょう。
　まず第1に、わたしが関係の中で真実(real)であり得るかどうかということが問題です。ここ数年来、このことはわたしにとって、ますます重要性をましてきました。わたしがもちたいと思っている関係の質を他の言葉で表すならば、純粋さ(genuineness)ということになるでしょう。また、わたしは自己一致(congruent)という言葉が好きです。
　すなわち、自分の中に体験していることが意識化され、対話の中に出て来るということです。あ

る意味で、わたしがこのような特質をもつ関係をもつときには、自分がその関係の中で完全にひとつになっているということです。

別の表現をしますと、わたしは透明でありたいと思う。クライエントはわたしをどんな方向からも見透かすことができ、わたしの中にはなにも隠されていないということを知って欲しいと思うのです。今まで述べてきたようなあり方で真実になるとき、わたしの感情も意識化され、表現されます。しかも、クライエントに押しつけるような形ではなく、表わされるのです。

第2の問題は、自分は相手を大切にし、思いやりをもって関わっているか、ということです。もちろん、思いやりもないのに、思いやっているように振舞うという意味ではありません。実際、もし、どうしてもクライエントを好きになれないとしたら、むしろ、それを表明した方がいいと思います。

しかし、治療の過程や建設的な変容は、わたしが相手を自発的に、心から1人の独立した人格として大切にしているときに起きると信じます。それを受容(acceptance)と呼んでもいいし、配慮(caring)とか所有欲のない愛情(non-possessive love)といってもよいでしょう。どの言葉も同じことをいっています。もし、それがあれば、関係はより建設的になっていくことをわたしは知っています。

第3の特質は、わたしは相手の内面を内側から理解することができるということです。わたしは相手の内面をその人の目で見ることができるでしょうか。感情の中の世界を感受性豊かに動きまわり、その人がどんな感じをもち、表面的意味だけでなく、少しはその下にある意味まで理解することができるかどうかということです。もし、わたしが、相手の体験の世界へ敏感に、正確に身を投ずるならば、変容と治療の動きが起きやすくなります。

さて、関係の中で、さいわいにもこのような状況のいくつかを体験することができれば、何が起きるでしょうか。その時にはさまざまなことが起きやすくなります。

わたしの臨床体験と研究結果は、双方とも、今まで述べたような態度があるならば、多くのことが起きるということを示しております。相手はより深く自分の感情や態度を探り始め、以前には、気づかなかった自分のかくされた面を発見しやすくなります。わたしに大切にされることを感じますと、自分で自分を大切にするようになります。自分の意味するところを理解されたと感じますと、自分に耳を傾け、自分の経験の中で進行しつつあることや、前には理解できなかった意味に耳を傾けるようになります。わたしの中に真実を感じると、相手は自分自身に対しても、少しでもより真実になることができるようになります。

表現の仕方にも変化が現れます。少なくともこのことは、他の例えでわたしが経験してきたことです。自分の体験していることや内面に起こっていることから離れていたクライエントは、より直接に体験へと近づき始め、今、この瞬間に自分の中で起こっていることを感じ、探り始めます。自己否定からより深い自己受容に移り、関係を恐れていたところからもっと直接に関係することができるようになり、わたしと出会うようになります。いくぶん固く自分の生活の黒と白をはっきりさせようという態度から、暫定的に自分の体験を考えてみるという方向に移行し、そうすることの意味を理解し始めます。自己の外側にある評価基準に頼っていたクライエントは、自分の中の判断力や決断力を信頼する方向に変っていくのです。

発行：日本・精神技術研究所，　「グロリアと3人のセラピスト」
　　　1984　　　　　　　　　　『来談者中心療法』より抜粋

[著者略歴]

福山　清蔵（ふくやま・せいぞう）

1948年	鹿児島県に生まれる
1971年	江戸川区、東京都児童相談センターにて教育相談
1973年	立教大学大学院修士課程修了（教育学）
1998年	立教大学コミュニティ福祉学部教授
2013年	立教大学名誉教授
	いのちの電話研修担当

1986年4月10日・初　版第1刷発行
2024年3月1日・改訂版第6刷発行（オンデマンド版）

独習　入門カウンセリング・ワークブック

著　者●福山　清蔵
編　者●日精研心理臨床センター

発行者●内田　桃人

発行所●株式会社 日本・精神技術研究所
　　〒102-0074　東京都千代田区九段南2-3-26
　　井関ビル2階
　　TEL 03-3234-2961
　　日精研ホームページ　https://www.nsgk.co.jp

発売元●株式会社　金子書房
　　〒112-0012　東京都文京区大塚3丁目3番地7
　　TEL 03-3941-0111

　　　　　　　収録されている文章や劇画は、出版当時の
　　　　　　　時代背景を踏まえた内容で掲載しています。
　　　　　　　落丁乱丁はお取り替えいたします。

改訂版　独習入門カウンセリングワークブック

解答・参考例

解答例について

　この別冊は各エクササイズに、自分で答えた後で参考にするために掲載しています。従ってここに書かれている解答を参考として使うときには、まず自分自身でやってみてからの方が学習を進めるにはよいでしょう。

　まったく解答の仕方が分からないときにははじめにここを参照することもあるでしょう。しかし、その場合でも一つか二つの解答を見て、あとは自分で問題に向き合うことをお勧めします。

　やり方を覚えたら、どんどん自分で進めていくことができるようになっていますし、エクササイズの後についている解説で理解を深めていけるように編成されています。

　また、解答例はあくまでも一つの参考ですから、それにとらわれないで、できるだけ自分の答えを大切にしていくことを勧めます。

　カウンセリングにはこれが正しい解答というものは存在しません。あるのは、「考え方」と「感性」のみです。従って考え方や感性のヒントとして活用していただけると幸いです。

　エクササイズの解答は個人、個人それぞれ異なったものになるでしょうが、参考例としての答えをあげてみます。自分の答えと比べてみてください。

エクササイズ●1-1

1　障害除去のアプローチ

〔事例1〕男性　28才
①仕事の忙しさで子どもとの関係が疎遠になってしまっているのを寂しく感じている。
②仕事のこととはいえ大変だと思う。子どものことが好きなのだなあと思う。
③もっと家庭を大事にしないとこの先もっと子どもとの関係は悪化すると思うので，早く帰れるように仕事を調整したほうが良いと伝える。

〔事例2〕女性　38才
①具合が悪くなって、自分がまた入院するかもしれないと心配になっていると同時に、姑とのことで悩んでいる。
②病気なのに（心身共に）ゆっくり休めないのはかわいそうだと思う。もっと夫がちゃんとすれば、この人はこんなに苦しまなくてすむのではないか。
③夫にちゃんと打ち明けて、もっと協力を頼むことが大切。姑との間のことで悩むことだけでも減らしてあげたい。どんな負担なのか（例えば、子どものことなど）を具体的に聞いて、姑に負担をかけないで療養する方法を考えてあげる。ゆっくり休むことが何より大切であることを伝えて、とに角安心して休める方法を一緒に考える。

エクササイズ●1-2

2、内面へのアプローチ

〔事例3〕男性　21才
①会社の仕事や人間関係がおもしろくないので脱サラでもしようか、友人に誘われているが決心がつかない。
②周りに苦情ばかり言っていて、本人は少しも自分のこと（能力、決断など）を考えようとしていない。結局周りにふり回されているのではないか。
③もっと自分のことを考える必要があることを伝える。どの職場でも自分の思い通りにはいかない。辛抱していくことと、自分なりに意味を見出してやっていこうとする積極的な気持がないと足が地についた仕事はできない、どことなく、いいかげんな態度が一番の問題であることを伝えて考え直してもらう。

〔事例4〕女性　17才
①父親の仕事の関係で転校があいついでしまい、心からの友達ができなかったと淋しがっている。
②気の毒に思う。しかし，たとえ2年位しかないとしても積極的に中に入っていかなければ友達はできないのではないか。それよりも、この人は過去のことにこだわって、これから先の人生に対しても消極的に思える。これから先どうやって友達を作っていくかを考えてほしい。
③今までのことは淋しかっただろうと同情を示す。問題は過去よりも未来が大切なのだから、いつまでも外側にいないで思い切って飛び込んでいく気持になってほしいことを伝える。

エクササイズ●1-3

〔事例5〕女性　35才　主婦
①夫のギャンブルで離婚を考えている。子どもと一緒に自立して生きていく方法について考えたい。
②気の毒に思う。だけど，自立といっても困難なことはいくつもあるので、子どもの養育費のことなど現実的なことから考えたほうが良い。
③夫の行動に早く気が付くべきであった。こじれてから「離婚」というのは子どもにとってもダメージが大きい。今後の生活費のことなどたくさんのことを夫と相談する必要がある。

〔事例6〕男性　35才　会社員
　①課長に昇進が決まったが部下のことなどを気にし，新しい部署への不慣れなことなどから先のことが心配である。
　②このようなことは会社にいれば時々起こることなので，他の人の力を借りながらやっていくしかないと思う。乗り切ってほしい。
　③係長のことなど一人で心配していても仕方がないので当人と相談する必要がある。何でも一人で抱えて心配して，というこの人の心構えが間違っている。もっとまわりの人と相談すべきである

〔事例7〕女性　17才　高校2年生
　①人にイヤといえずに苦しんでいる。積極的になりたい。
　②自分が困ることまで断れないのはいき過ぎである。もっと自分のことを考えたほうが良い。いやなことはいやといったほうが良い。
　③今まで一度も誰にもイヤと言わなかったのか。いやといわずに困ったことをたくさん思い出してもらい，それがどんなに自分によくないかを考えてもらう。

〔事例8〕男性　19才　大学生
　①今の学部にまったく関心がわかなくて学校へ行っていない。辞めたいけど親に心配をかけたくない。
　②折角入ったのだから今のところでも少しでも関心のあることを探してみる。友達がいない様子も気になる。現実的なことから考えたほうが良い。
　③本当にイヤなら親に言って今後のことを相談する必要がある。親は子どもがいやいや行っているのを見ることを望んでいないと思うから。

エクササイズ●2-1
1、話の中の3つの要素
〔事例9〕男性　34才
　　事実……先日、久しぶりに家族でドライブにいった
　　　　　……ひどい渋滞で、トイレにもいけなかった、喧嘩ばかり
　　感情……すっかりくたびれてしまって　　まったく
　　計画……二度と日曜日にドライブなんか行くものじゃない
〔事例10〕女性　35才
　　事実……今日、学校から連絡があって
　　　　　……おたくのお子さんは4日も学校を休んでいますと叱られた
　　感情……今頃連絡してくるなんて、ひどいと思う
　　　　　……担任の先生もいいかげんだと思う
　　計画……校長先生に注意するように申入れようと思っている
〔事例11〕男性　38才
　　事実……以前は、よくいっしょに遊びもしたし、話合いももっていた
　　感情……ああ、もうおしまいだという気持が沸いてくる
　　　　　……無神経さと図々しさと、品の悪さと思いやりのなさをいっぺんに感じてしまう
　　　　　……ああ、なんていい人といっしょになれたのだと強く感じられていた
　　計画……家内が別れようと言ってくれるといいのにと思っている

エクササイズ●2-2
〔事例12〕女性　22才
　　この設問はほとんど全部が感情に該当すると考えられる
〔事例13〕男性　29才
　　この設問はほとんど全部が事実に該当すると考えられる
　　（感情）……大変な思い　はクライエントの感情と考えられよう

エクササイズ●2-3
3、フィードバック
〔事例10〕女性　35才
　　（感情）担任の先生に対してそのいい加減さに怒っている
　　（フィードバック）
　　4日間も放っておいて、今頃連絡してくるなんて、先生もずい分いいかげんだと思っているんですね。
〔事例11〕男性　38才
　　（感情）もうおしまいだ，別れたい
　　（フィードバック）
　　奥さんに対して、もうおしまいだという気持になって、奥さんが別れようといってくれるといいと思っているのですね。
〔事例12〕女性　22才
　　（感情）母を恋しく思っていた，母を恨んではいけない
　　（フィードバック）
　　お母さんを恋しく思っているんですね。
　　お母さんにあなたのことを向いて欲しかったのですね。
〔事例13〕男性　30才
　　（感情）姉の行方が心配
　　（フィードバック）

©1986　日精研心理臨床センター（禁複製）

あなたとしてはお姉さんのことが心配だったのでしょうね
お姉さんの居所が分からずにいることで困っているのでしょうね
お姉さんを支えてきたのに蒸発されたので，心配なのですね

エクササイズ●2-4

4、感情の反射

〔事例14〕女性　40才　主婦
　　ご主人にふり回される生活にコリゴリしているんですね。

〔事例15〕男性　21才　会社員
　　将来のことを考えて、不安になるんですね。
　　毎日同じようなくり返しがバカらしく思えるんですね。

〔事例16〕女性　19才　学生
　　気持ばかり焦って、うまくいえないんですね。
　　自分に腹が立ってくるんですね。
　　人がうらやましくなったり、ねたましくなったりするんですね。

エクササイズ●3-1

2、夢、願い、期待

(1) もっと自分のことを頼りにしていて欲しい。親との別離を悲しんでほしい。
(2) 先生に当てられたら（いつも）答えられるようにしていたい。自分は先生に立たされるような人にはなりたくない。
(3) 私を裏切らないで、いつまでも信じられる彼でいてほしい。
(4) 母親に幸せになって欲しい。父がもっと母親を大切にしてほしい。
(5) ひとりで行動できる自由がほしい。健康な身体でいたい。
(6) 窮屈な生活から解放させたい，そこまでやらなくてもいい

エクササイズ●3-2

3、危機と悩み

　このエクササイズは個人ごとに自分史の作業をするものですから、特に解答はありません。

エクササイズ●4-1

1、クライエントの気持

　個人の考えを求めるものなので特に解答はありません。

エクササイズ●4-2

2、クライエントの準拠枠

　写真を見る過程に意味があるので、特に解答はありません

エクササイズ●4-3

本文中に参考例を列記してあります。

エクササイズ●4-4

このエクササイズの解答は省略します。

エクササイズ●4-5

3、クライエントの質問

(1) ① ③ ⑥	(2) ③ ④ ⑦
(3) ① ④ ⑦	(4) ① ③ ⑤
(5) ③ ⑤ ⑦	(6) ① ③ ⑦
(7) ③ ④ ⑥	(8) ③ ④ ⑦
(9) ③ ④ ⑦	(10) ③ ④ ⑤

エクササイズ●4-6

4、カウンセラーの質問

1	B	2	A	3	B	4	B	5	B	6	A
7	B	8	B	9	B	10	B	11	B	12	A
13	A	14	B	15	A	16	A	17	B	18	B
19	B	20	A	21	A	22	A	23	B	24	B

1、外側からの理解と内側からの理解

エクササイズ●5-1　このエクササイズの解答は省略します

エクササイズ●5-2　このエクササイズの解答は省略します

エクササイズ●5-3
① 本当の病名を知るのはこわい気もするが、自分が変にとりつくろわれたように扱われるのはいやだから病名を知りたい気もある。
② 今までのように養父母に甘えた方が喜ぶとは思うが、知ってからは甘えられなくなってしまった。
③ 自分は誰についていけばいいのだろうか、父も母も自分のことは要らないらしい。
④ 海外活動に加わりたいが、丈夫でない母親を残していくのは心配だ。
⑤ 家のことを考えるとこれ以上浪人はできない。しかし先のことを考えると勉強が手につかなくて今年も心配だ。

2、クライエントとの関わり

エクササイズ●5-4　このエクササイズは例題として解説の中で扱っています

エクササイズ●5-5
〔事例17〕女性　21才　会社員
　・序列づけ
　　[8] ① 会社に入って3年ほど経ったところ
　　[7] ② 会社のことも自分なりにわかってきた
　　[4] ③ このままで一体どうなるだろう
　　[1] ④ 大して評価されない
　　[5] ⑤ 大学に行きたかった
　　[3] ⑥ もっとのびのび生きられたと思う
　　[2] ⑦ ひとりぼっちだといつも思う
　　[6] ⑧ もうなにもかもやめてしまいたい
　・応答例
　　・今の会社では思ったように評価してもらえないし、ひとりぼっちに感じてしまうんですね
　　・このままでは将来に不安を感じて、友だちでもいたらもっとのびのびできただろうにと思えるんですね。

〔事例18〕男性　17才　高校生
　・序列づけ
　　[2] ① 自分のしたいことや思っていることがいえない
　　[3] ② 人の強さに押されるのかもしれない
　　[5] ③ 結局、いろいろと引きうけてしまう
　　[8] ④ 自分が勉強しようと思っていた科目のノートを貸してしまった
　　[9] ⑤ ノートを前日に返されて、成績がよくなかった
　　[1] ⑥ 押しつけられたり、頼まれたりするのは本当はイヤ
　　[4] ⑦ いやだといえない
　　[6] ⑧ こんなふうに消極的じゃいけないと思う
　　[7] ⑨ 損をするのは自分だと思う

・応答例
・自分のしたいことや思っていることが言えなくて、これじゃいけないと思うんですね。
・消極的じゃいけないと思っているけどなかなかイヤと言えなくて押されてしまうように思えるんですね。

3、言い換え

エクササイズ●5-6

この解答は解説の中で扱っています

エクササイズ●5-7

〔事例19〕男性　37才　教師
・息子さんの不登校で色々と努力をしているけれど、奥さんがもっと厳しく息子さんに接してほしいと思っているんですね。

〔事例20〕女性　31才　公務員
・両親に規制されてきた青春時代をとり戻そうとしてみるけれど、今さらこんなことをしてみてもという気持になって、しかし両親を恨んでも仕方がないので、気持のやり場がなくてやけになったような気持になってしまうのですね
・もう私は今から何をやってもだめなんだというあきらめた気持でしょうか。
・両親のせいでこうなってしまった、だけど今さらそう言ってみてもという気持で、もう自分にはどうしようもないという気持でしょうか

〔事例21〕男性　38才　会社員
・仕事や家庭のことでとくに悩む種はなさそうなのに、もう1つすっきりしなくて、うまくかみ合っているという感じがもてないんですね。
・気持の張り合いをとり戻すには、やはり自分にあった趣味を見つけることだとお考えなんでしょうか。
・上司に言われたことをしてみたり、自分なりに色々としてみるけれど、しっくりくる感じがしないんですね。

〔事例22〕主婦　30才
・子どもを叱りだすとコントロールを失ってしまって、そんな自分をこれではいけないもっと分別をもたなければと思っているんですね。
・ご主人にそう言われてもどうしたら自分をコントロールできるのかが見つからないんですね。
・今のまま自分が子どもに接するのは良くないという気持なのですね。

4、対話と沈黙

〔逐語記録 4〕 （中学生 14歳 女性）
Cl. …クライエント Co. …カウンセラー

やりとり	備考
Co.1 お母さんと一緒にお出でになったのですが、よかったら二人で少しの時間お話をうかがうことができますか？	
Cl.1 べつに・・・。	①
Co.2 ああー、話したくない気持ちですか？	
Cl.2 べつに・・・。	①
Co.3 今日はここまで来るのに大変でしたか？	
Cl.3 まあ・・ね・・・。	①
Co.4 ごめんなさい、色々と質問ばかりして・・・	
Cl.4 ・・・・・・・・・・	①
Co.5 突然ここにきて、知らない人と話すのはいやだよね	
Cl.5 まあ、ね・・・。	
Co.6 ここにくることはいやでした？	
Cl.6 べつに・・・。	
Co.7 そうですか・・特にいやではなかったけど、今は戸惑っているのですね？	①
Cl.7 べつに・・・。	
Co.8 それでは悪いけどもう少し質問してもいいですか？	①
Cl.8 まあ、ね。	
Co.9 ありがとう	
Cl.9 ・・・・	②
Co.10 じゃ、尋ねたいのだけれど・・、この前の事件のことであなたが傷ついているのではとお母さんはとても心配しているようなのですが、あなたとしてはどんな感じですか？	
Cl.10 たいしたことない	
Co.11 ああ、そうですか、	①
Cl.11 ・・・・	
Co.12 どんな風にたいしたことないのか言えますか？	
Cl.12 べつに・・・なんともないから。	
Co.13 お母さんは食欲がないといっていたけれど・・・	
Cl.13 まあ、ね。	
Co.14 食欲が無いのですか？	①
Cl.14 少し・・・。	
Co.15 じゃ、お母さんの心配は当たっているのですね・・	
Cl.15 でも、たいしたことない	
Co.16 ああ、そうですか、	
Cl.16 だから、もう帰ってもいいですか。	
Co.17 あなたとしてはたいしたことが無いから心配しないでもいいという・・・	

やりとり	備考
Cl.17　だって・・話しても仕方ないから・・・	①
Co.18　お母さんを心配させるのはいいけれど，私もじつは事件のことが気になっていて，濡れ衣を着せられたままでは辛いだろうから・・・	
Cl.18　まあ，ね。	
Co.19　あなたとしたら，この先はどうしていくつもりでいるのですか？	
Cl.19　べつに・・・・・・・・・・・・	①
Co.20　カンニングしたと思われているのはいやになるよね	
Cl.20　だからもう・・学校には行かないから・・・・	②
Co.21　ああ，そう，行かないようにしようと決めている・・	
Cl.21　だって，そうでしょ？	
Co.22　そうかもしれない・・・・	
Cl.22　だれも分かってくれないし，・・・	②
Co.23　辛いよね・・・・・・・・・	
Cl.23　・・・・・・・・・・・・・・・・・	②
Co.24	
Cl.24　あたし，してないもん	
Co.25　そう・・・・・・・・・	
Cl.25　だからもう・・学校には行かないから・・・・	②
Co.26　だれも分かってくれないから・・・・・・・	②
Cl.26　ぜ〜んぶ　あきらめてる・・・・・・・・	②
Co.27　ぜ〜んぶ　あきらめてるの・・・・・・・	

エクササイズ 5-9　〔逐語記録 5〕　（中学生　１４歳　女性）

エクササイズ●5-9

やりとり	備考
Co.1　この間お話した後どんなふうに過ごしていました？	
Cl.1　お母さんに心配かけたかなって思って・・・・	
Co.2　ああー、お母さんのことが気になっていたの・・・	
Cl.2　お母さんはなんだか腫れ物に触るようにしていて，だけど，こんなとこ連れて来るよりも・・・・・	
Co.3　来るよりも？・・・	
Cl.3　自分でちゃんと言えばいいのに・・	
Co.4　ごめんなさい，なにを言えばいいの？	
Cl.4　だから，心配しているって・・	
Co.5　お母さんからはっきりと，あなたのことを心配だといってほしかった・・・・	
Cl.5　まあ，ね・・・・・・・・・・・・。	①
Co.6　もし，そう言われたら？	
Cl.6　べつに・・・・・・・・・・・・	①
Co.7　お母さんの心配に戸惑ったのですね？	
Cl.7　だって，家ではギャーギャー言ってばかりなのに，・・	
Co.8　家ではうるさいくらいで，心配しているなんてわからなかった・・・	
Cl.8　心配しているんだか，怒っているんだか・・・	

Co. 9　親ってそういうとこあるよね
Cl. 9　私，悪いことなんか何もしてないし・・・
Co. 10　そういっていたね。してないって
Cl. 10　完全に濡れ衣なんだから・・・・
Co. 11　どうして，そんな目に遭ったのか心当りはあるの？
Cl. 11　わたし，言えない・・・・・
Co. 12　そう・・誰かをかばっているみたいだね
Cl. 12　・・・・・・・・・・・・・・・　①
Co. 13　言いつけるくらいなら・・・このままのほうが・・
Cl. 13　まあ，ね。
Co. 14　それでもいいですか？
Cl. 14　少し・・・・・・・・・　②
Co. 15　・・・・・・・・・・・
Cl. 15　・・・・・・・・・・・　②
Co. 16　・・・・・・・・・・・
Cl. 16　・・・でも・・・・・　②
Co. 17　すこしは気になる・・・・・・・
Cl. 17　・・だって・・・・　②
Co. 18　人のことを裏切りたくないのですね・・・
Cl. 18　まあ，ね。
Co. 19　その人のことを悪く言いたくないと思って・・・
Cl. 19　・・卑怯者にはなりたくないし・・・　①
Co. 20　それはいやな気分になるからね・・・・
Cl. 20　だからもう・・学校には行かないから・・・・　①
Co. 21　ああ・・だから・・そう決めている・・
Cl. 21　だって，そうでしょ？
Co. 22　そうかもしれない・・・・
Cl. 22　・・でも少し，いやな気持ちが・・・
Co. 23　辛いよね・・・・・・・
Cl. 23　・・・・・・・・・・
Co. 24　・・・・・・・・・・
Cl. 24　あたし，してないもん
Co. 25　そう・・・・・・・・・・
Cl. 25　だからもう・・どうしていいか分からない・・・・　②
Co. 26　困ったね・・・・・・・・
Cl. 26　ぜ〜んぶ　あきらめてる・・・・・・・・
Co. 27　この間もぜ〜んぶ　あきらめてるって言ってたね
Cl. 27　どうしよう・・・・　②
Co. 28　・・困ったね・・・
Cl. 28　・・・・・・・・・・　②
Co. 29　・・・・・・・・・・
Cl. 29　・・・・・・・・・・　②
Co. 30　・・・・・・・・・・
Cl. 30　でも，友達だし・・・・・・・　②
Co. 31　・・・そう・・・・・・
Cl. 31　・・だからもう・・どうしていいか分からない・・・・・　②
Co. 32　・・困ったねぇ・・・・・・・
Cl. 32　・・今度，考えてくる
Co. 33　今は，まだ，決心がつかないから・・今度までに・・・・・・
　　　　そう・・

1、促進的対話と非促進的対話

エクササイズ●6-1

逐語記録〔1〕〔2〕

① 〔1〕では、クライエントに対して軽率な理解に基づいた応答に終始している。
② 〔1〕では、カウンセラーがクライエントを自分の都合のいいようにふり回している。
③ 〔2〕では、とに角クライエントの話を促進しようとし、焦点を明確にしている。
④ 〔2〕では、カウンセラーが安易な意見や判断をさしひかえて話をすすめている。
⑤ 〔1〕では、カウンセラーが威圧的で、自己宣伝をしているだけに見える。

などいくつかの点が相違としてあげられます。

2、より促進的な応答の仕方

エクササイズ●6-2

逐語記録〔3〕の設問1の（1）

① 早のみこみで話をすすめている
② カウンセラーは自分の考えで解決策を見つけて押しつけていくが、クライエントはそれに全く乗ってきていない
③ 勝手に推測して、判断をきめている
④ クライエントがどうしたいか、どんなことができるか、今までにどんなことを試みてきたかを確かめていない
⑤ クライエントはだめだと思っていることに、勝手に「ぶつかれ」と言っている
⑥ 励まそう、希望をもたせようとしすぎて、カウンセラーがから回りしている
⑦ クライエントに考えさせようとしないで、カウンセラーがひとりでいろいろと考えている
⑧ 先生がだめなら両親、それがだめならひとりでぶつかれ…といろいろアイディアを出して、ことごとく失敗している。
⑨ クライエントにはねつけられている
⑩ 早く問題を解決しようとあせりすぎて、クライエントのことをもっと知ろうとしていないし、クライエントの内面化をすすめていない。

逐語記録〔3〕の設問1の（2）

イ．Co.2：-
・仲の良かった友だちが急に変って、あなたのことをいじめるようになったので、とてもショックだったのね。
・その友だちは前は仲が良かったのにと思うととてもショックだったね。
　Co.4：-
・「仲の良かった友だちなのに、とてもひどいことを言ったり、したりするのでとても悲しくなるんですね。」

ロ．Co.4：-
・「誰もあなたのことをかばってくれないように思えて、学校にも行きたくなくなっちゃうんですね。」
　Co.6：-
・「先生にも親にも言えなくて一人でつらい気持なんでしょうね。」

ハ．Co.13：-
・「以前に手紙を出したことがあったのに、うまくいかなかったんですね。」
・「以前に手紙で訴えてみたけど、あなたの気持を理解してもらえず、却って拒否されてしまって、もうこれ以上やってもダメそうに思えるんですね。」

ニ．このカウンセラーはほとんどひとり合点で、カラ回りしているので、どこかの時点でクラ

イエントの発言を受けとめたり、共有したりできていたらと思います。Co.5 までカウンセラーは自分の知りたいことだけを聞いて、Co.5 からひとり合点のアドバイスを始めていますが、Co.9 まではとにかく、受けとめたり、共有したりする姿勢が必要なのです。では Co.5 と 9 の発言の所でばん回するとしたらということで Co.5、9 の発言を考えてみましょう。
Co.5:−・「これまでひどい目にあって、あなたとしたらどうにも手がかりがない感じのようだねえ。」
Co.9:−・「２人で会って話しても、前の手紙の時と同じことになりそうで、どうせだめだろうってあきらめているんだね。それじゃ、他にどんな方法があるのか一緒に考えてみようよ。他に何か試してみたいことや、やってみたいことは思いつかない？」

逐語記録〔４〕の設問２の(1)
①カウンセラーは自分の経験に結びつけようと急ぎすぎて、クライエントの話をちゃんと聞いていない
②カウンセラーは自分も経験があることを伝えて、クライエントの訴えがよくわかるということを伝えようとしているが、カウンセラーの経験の話が中心になってしまっている
③クライエントを冷静にさせようとして、「研究した方がいい」と言っているが、クライエントの話そうという気持をそいでしまっている
④クライエントをクライエントの状況に即して理解しようとしていない
⑤安易にクライエントに理解を示したり、励ましたり、あきらめさせたりして、クライエントを振り回している
⑥カウンセラーは、クライエントとの関係の中で、まるで「吉田さん」のように振るまっている。
⑦弱味を見せようとしない、自分は知っているという姿勢をとり続けようとしているように見える
⑧問題解決を急ぎすぎて、クライエントの辛い気持につき合っていないなど

逐語記録〔４〕の設問２の(2)
イ．Co.2：
・その人の意向にそってやらなければ大変なのですね。
　Co.5：−
・いつも自分だけが正しいって感じでいるんですね、でもその人に合わせていくのは本当はいやなんですね。
・その人の御気嫌とっているようでいやだけど、仕方ないやってあきらめている気持もあるんですね。
ロ．Co.3：
・「吉田さんのフェアでないやり方に腹を立てているんですね。」
　Co.4：−
・「周りの人たちをないがしろにして、自分だけが正しいんだという態度にくやしく思うんですね。」
ハ．Co.3：
・「吉田さんのフェアでないやり方に腹を立てていて、それで何とかしたいと思っているんですね。」
・Cl.5 ではやめてしまいたいくらいだ、でもやめたからといって反省してくれそうな相手ではなさそうだということを話していますので、それをふまえて、